무 기 력 한
십대를 위한
마음 처방전

아무것도 하고 싶지 않은 나에게

초판 1쇄 펴냄 2017년 10월 20일
14쇄 펴냄 2024년 8월 23일

지은이 문지현

펴낸이 고영은 박미숙
펴낸곳 뜨인돌출판(주) | 출판등록 1994.10.11.(제406-251002011000185호)
주소 10881 경기도 파주시 회동길 337-9
홈페이지 www.ddstone.com | 블로그 blog.naver.com/ddstone1994
페이스북 www.facebook.com/ddstone1994 | 인스타그램 @ddstone_books
대표전화 02-337-5252 | 팩스 031-947-5868

ⓒ 2017 문지현

ISBN 978-89-5807-663-6 03180

마음이 튼튼한 청소년

아무것도
하고 싶지않은
나에게

정신건강의학과 전문의 문지현 지음

뜨인돌

목차

프롤로그 ·8

1부 무기력, 너는 누구냐

무기력의 정체 ·16

무기력하면 나타나는 일들 ·24

무기력에 대한 다섯 가지 오해 ·34

무기력을 이기는 힘 ·44

2부 모든 무기력에는 이유가 있다

겉마음 : 걱정과 불안, 완벽주의 ·61

속마음 : 낮은 자존감, 나답게 살지 못하는 것 ·70

주변 환경 : 양육 태도, 먹고 마시는 것 ·79

경험 : 오랜 시간 계속된 실패의 경험 ·89

3부 무기력 코끼리와 헤어지는 10가지 방법

무기력 코끼리 발견하기 ·112

1단계 ▶ 내가 지금 얼마나 무기력한지 깨닫기

2단계 ▶ 무기력에서 벗어나기로 결단하기

3단계 ▶ 목표 설정하기

무기력 코끼리 다루기 ·129

4단계 ▶ 뭐라도 시작하기

5단계 ▶ 삶의 잔재미 찾기

6단계 ▶ 긍정적으로 생각하기

무기력 코끼리와 헤어지기 ·146

7단계 ▶ 감사의 힘 누리기

8단계 ▶ 감정 표현하기

9단계 ▶ 돕고 나누기

무기력 코끼리 흔적 정리하기 ·164

10단계 ▶ 잘 자고 잘 쉬기

4부 무기력 코끼리와 헤어지는 10가지 방법
     |실전 편| ·169

에필로그 ·184

참고서적 ·190

"굳이 의욕적으로 살 필요가 있을까요?"

물론이죠. 그것도 100퍼센트!

꽃 한 송이를 봐도 그렇잖아요. 생생하게 꽃봉오리 터지는 순간
이 좋지, 시들시들한 꽃이 더 좋다고 말하긴 힘들 겁니다. 집에서 키
우는 강아지도 놀자고 덤빌 때가 예쁘지, 기운 없어서 축 늘어져 있
다면 걱정이 되겠지요. 아마 무기력하게 시들시들한 채로 살고 싶은
사람은 없을 겁니다.

그렇다면 왜 우리는 자주 이렇게 무기력하고 아무것도 하고 싶지
않은 걸까요?

그 이유를 설명하기 위해 우리 삶의 의욕을 깔고 앉은 채 우리

를 꼼짝 못 하게 하는 '투명 코끼리'를 소개하려고 해요. 투명 코끼리는 무기력을 설명하려고 만든 캐릭터입니다. 실제로 무기력에 빠져 본 사람은 그 느낌을 압니다. 어깨 위에 코끼리가 올라탄 것처럼 힘이 듭니다. 지금 당장 할 일이 있는데도 몸이 말을 듣지 않습니다. 그렇게 계속 시간이 흐르면 점점 더 움직이기가 어려워집니다. 나중에는 몸이 '실제로' 아픕니다. 하루 종일 누워 있어도 머리가 아프고 온몸이 무겁습니다. 기분은 또 얼마나 나빠지는지요. 하고 있는 일과 자기 존재 자체에 짜증이 납니다. 그나마 불쾌감을 느낄 정도라면 아직 무기력증이 심각한 상태가 아닙니다. 무기력한 시간이 길어질수록 느낌이나 생각에 무뎌지기 때문입니다. 무기력은 삶 전체를 마비시킵니다.

많은 사람들이 우리가 느끼는 마음의 상태를 동물에 비유합니다. 우울증을 '검둥개에게 물린 상태'로 표현하고, 스트레스를 심하게 받는 걸 '호랑이에게 공격당하는 것'으로 설명하기도 하지요. 이 책에서는 무기력을, 우리 어깨에 묵직하게 올라탄 코끼리로 설명하려고 합니다.

무기력의 화신이긴 하지만 아직 아기 코끼리일 때는 조금 귀여울 수도 있습니다. "아웅, 조금만 더 누웠다가 일어날래!" 하면서 뒹굴거릴 때의 나는 아기 코끼리와 엎치락뒤치락 하고 있는 셈입니다. 그렇지만 귀여운 건 잠깐입니다. (마치 우리들처럼 말이죠.) 그냥 내버려두면 무기력 코끼리는 삶을 다 휘저어 놓는 초대형 코끼리로 자랍니다.

무기력이라는 이름의 투명 코끼리는 아무 데서나 잘 자라지만 특히 좋아하는 곳이 있습니다.

- 한때 열정이라는 이름으로 자신을 활활 불태우던 사람이 그 불길을 이어갈 땔감을 준비하지 않은 채 가만히 있다면, 불이 꺼진 그 자리에 아기 코끼리가 찾아옵니다. 꽤 많이 자란 청소년 코끼리로 찾아오는 경우도 종종 있습니다.
- 아무것도 하지 않고 입으로만 열정을 부르짖는 사람은 자기도 모르게 무기력 코끼리를 불러들이고 있는 겁니다.
- 안타깝게도 크고 작은 사건·사고를 겪고 나면 후유증으로 무기력이라는 코끼리가 따라붙습니다.
- 코끼리를 잘 불러들이는 사람도 있기는 합니다. 뒤에서 이야기하겠지만 회복탄력성이 낮은 사람들입니다.

이런저런 이유로 무기력이라는 투명 코끼리에게 깔린 사람들은 그 엄청난 무게를 견디면서 힘겹게 살고 있는 겁니다.

"얼른 다 털고 일어나요!"

이런 말조차 할 수 없습니다. 코끼리의 무게가 장난이 아니라서요. 겪어 보지 않은 사람들은 변명이라고 할지 모릅니다. 그러나 무기력 코끼리에 깔려 본 사람은, 아무리 발버둥을 쳐도 일어날 수 없다는 게 무엇인지 너무 잘 압니다.

투명 코끼리에 깔려 힘든 시간을 보내는 분들에게 두 가지 이야기를 꼭 하고 싶습니다. 첫째는 지금도 힘이 들겠지만 그렇다고 해서 계속 깔려 있다 보면 상황이 정말 안 좋아질 수 있다는 겁니다. 둘째는 투명 코끼리를 밀어낼 방법이 아주 없는 건 아니라는 것입니다.

『굿바이 블랙독』이라는 책이 있습니다. 블랙독은 서양에서 우울 증상을 표현하는 이미지로 잘 알려져 있습니다. 우울증 블랙독은 잊을 만하면 한 번씩 나타나서 주인공을 힘들게 합니다. 블랙독 때문에 주인공의 삶은 차츰 엉망이 되어 갑니다. 도망치기도 하고 맞서 보려고도 했지만 소용이 없습니다. 주인공은 점점 더 센 강도로 블랙독에게 휘둘립니다. 최악의 상황에 이르러서야 주인공은 치료를 받으면서 전환점을 만납니다. 자기만 블랙독의 피해자가 아님을 알게 되고, 할 수 있는 모든 방법을 동원해서 맞서야 하며, 숨기기보다 드러내어 멀리 쫓아 버리는 게 가장 좋은 방법임을 배웁니다. 무엇보다 중요한 것은 블랙독을 두려워하지 않는 것입니다. 다루기가 까다로워서 그렇지 블랙독은 결코 사람을 지배하지 못합니다.

무기력 코끼리도 비슷합니다. 무기력이 시작되면 갑자기 무거워진 몸과 마음에 당황하지만, 무기력 코끼리가 죽치고 앉아 있으면 나중에는 그 무게에 익숙해져서 어떤 게 무기력인지 어떤 게 기력인지 헷갈리게 됩니다. 하루의 리듬이 깨지는 걸 생각해 보세요. 늦잠 자서 놀라는 건 하루 이틀뿐입니다. 어느새 대낮까지 자는 게 습관이 되죠. 이렇게 무기력 코끼리는 방심하는 순간에 쑥쑥 자라납니다. 아기 코끼리여도 만만치 않은데 다 자란 어른 코끼리는 얼마나 무거울까요.

무기력 때문에 삶이 시드는 건 특별한 몇 사람의 이야기가 아닙니다. 누구에게든 무기력 코끼리는 찾아들 수 있지요. 무기력에서 벗어나기 위한 첫 단추는 솔직한 자기 점검입니다. 자기 점검은 무기력 코끼리가 올라타진 않았는지 어깨를 쓸어 보는 것으로 시작해야 합니다. 무기력 코끼리가 올라탄 게 맞다면 코끼리를 키워 온 자신의 행동을 돌아봐야 합니다. 자기도 모르게 무기력 코끼리를 건강하게 키우는 환경을 만들어 왔을 수 있거든요.

무기력 코끼리는 끈기가 대단해서 한번 올라타면 잘 내려가질 않습니다. 하지만 걱정하지 마세요. 방법이 있으니까요. 무기력 코끼리에 대해 정확히 알고 몇 가지 기술만 배우면 그 녀석을 다룰 수도 있고 그때그때 쫓아낼 수도 있어요. 그리고 무기력 코끼리를 쫓아내기로 결심했다면 그 모든 과정 중에 무기력 코끼리에 짓눌려 지친 나를 토닥거려 주는 것을 잊지 않았으면 좋겠습니다.

우리는 모두 자신의 삶이라는, 길고 험난한 여행길을 터벅터벅 걷고 있는 사람들입니다. 매순간 열정적으로 살아야만 하는 건 아니지만, 무기력하게 그냥 흘려보내기에 너무 아까운 순간들이 존재한다는 사실을 꼭 기억했으면 좋겠습니다.

자, 그러면 우리 삶에 살며시 들어와 커다랗게 자라 버리는 무기력 코끼리. 녀석의 정체를 낱낱이 파헤치는 것으로 무기력한 우리를 위한 마음 처방 프로젝트를 시작해 봅시다.

1부

무기력,
너는 누구냐

무기력의 정체

혁이는 아침에 일어나는 게 힘이 듭니다. 억지로 일어나 학교 갈 준비를 하긴 하지만, 왜 이 고생을 하면서 학교를 다녀야 하는지 알다가도 모를 노릇입니다. 밥도 먹는 둥 마는 둥 하고 집을 나왔습니다. 축 늘어진 어깨로 터덜터덜 걷는데 뒤에서 친구가 자전거를 타고 달려옵니다.

"야, 그러다가 학교 늦어."

대답하기도 귀찮아서 땅만 보고 걷는데 굳이 옆에 자전거를 세우고는 말을 시킵니다.

"왜 그래? 무슨 일 있어?"

"일은 무슨 일. 그냥 피곤해서 그래."

그 말도 거짓말은 아닙니다. 어깨에 돌덩이라도 올려놓은 듯, 온몸이 마냥 무거우니까요. 친구가 걱정스러운 얼굴로 쳐다봅니다.

"혁아, 괜찮아?"

괜찮을 리가 있나요. 지금 혁이를 짓누르고 있는 게 무기력인데 요. 혁이를 누르고 있는 건 그냥 돌덩이가 아닙니다. 코끼리입니다. 이 코끼리, 장난 아니게 크고 눈에 보이지도 않습니다. 무기력에 빠진 사람은 투명 코끼리에 납작 깔려 있는 셈입니다. 무기력은 삶 전체를 마비시킵니다. 자기 몸도 못 가누는 마당에 학교생활을 제대로 하기란 거의 불가능하겠죠? 무기력은 그렇게 우리 삶을 완전히 밟아 버립니다.

지금부터는 무기력의 정체를 낱낱이 파헤쳐 보려고 합니다. 무기력(無氣力)은 정확히 무슨 뜻일까요? 사전에는 '어떠한 일을 감당할 수 있는 기운과 힘이 없음'이라고 되어 있습니다. 영어로는 'helplessness'입니다. 직역하면 '난감함, 무력함, 도움이 없음' 같은 것으로 표현할 수 있습니다. 대략 난감한 상태, 도와주는 사람도 없고, 내가 나를 도울 수도 없는 상태가 무기력이라는 말에 담겨 있습니다.

자, 그럼 나를 난감하게 하고 기운을 빼 놓는 무기력 코끼리가 어

떤 식으로 자신의 존재를 드러내는지 그 특징을 한번 살펴봅시다.

무기력 코끼리의 첫 번째 특징은 **눈에 잘 띄지 않는다**는 겁니다. 투명한 무기력 코끼리는 우리 삶에 살그머니 스며들어 옵니다. 처음에는 배경처럼, 멀리서 지나가는 그림자처럼 나타납니다. 일상적인 피곤함처럼 등장하지만, 한숨 푹 자거나 주말에 잘 쉬면 사라지는 피로와 달리 무기력 코끼리는 쉽게 없어지지 않습니다.

무기력 코끼리는 눈에 잘 띄지 않는 특징을 이용해 우리가 힘들게 느끼는 삶의 공간을 노리고 들어옵니다. 일상을 공격하는 거죠. 학교생활이 힘든 사람이라면 학교에서부터 무기력을 느끼고 가족들과 갈등이 심하거나 외로움을 많이 타는 사람이라면 집에서 무기력을 느끼기 시작합니다. 반대로 무기력 코끼리는 내가 편안함을 느끼고 좋아하는 삶의 영역에는 그다지 큰 힘을 발휘하지 못합니다. 그래서 학교에서는 무기력하던 사람이 집에 오면 생생해지기도 하고, 친구들과 만나면 펄펄 날던 사람이 엄마 아빠 얼굴만 보면 축 처지기도 하는 거죠.

무기력의 두 번째 특징은, **방심하면 쑥쑥 자란다**는 것입니다. 무기력 코끼리는 한번 자리를 잡으면 무럭무럭 자라서, 우리 삶에서 점점 더 많은 공간을 차지합니다.

'아 몰라, 다 귀찮아.'

'어떻게든 되겠지.'

'쫌만 더 잘래.'

이런 말들은 어깨에 올라탄 아기 코끼리에게 사료를 주는 것과 같습니다. 점점 커지는 무기력 때문에 몸은 더 피곤해지고, 기분은 더 가라앉습니다. 그러다 보면 무기력 코끼리는 같은 공간 안에 있는 사람들에게까지 영향력을 발휘합니다. 생각해 보세요. 작은 방 안에 나와 동생 둘이 있습니다. 이러면 별로 문제 될 게 없습니다. 그런데 똑같이 작은 방 안에, 코끼리가 나를 밟고 서 있습니다. 동생의 작은 행동 하나하나가 신경을 건드립니다.

"야, 조용히 좀 해!"

"제발 나가라, 응? 나 좀 가만 놔둬."

착한 동생이라서 아무 말 안 하면 다행이지만 조금이라도 성깔이 있다면 금방 싸움이 될 겁니다. 이렇게 무기력은 다른 사람들과의 관계를 망가뜨리기도 합니다. 주말에 영화 보러 가자고 하는 친구도 성가시게 느껴지고, 숙제 안 했다고 나무라는 학원 선생님은 잔소리 대마왕으로 보입니다. 무기력 코끼리는 가까이 있는 사람, 그러니까 나에게 소중하고 잘 지내야만 하는 사람들과의 관계를 망칩니다. 옆집 아줌마는 내가 무기력하든 기운이 뻗치든 신경도 안 쓸 겁니다. 그런데 우리 엄마는 다릅니다. 무기력한 나 때문에 짜증이 나거나, 걱정을 합니다. 그 모습을 보는 나라고 마음이 편할 리 없습니다. 가뜩이나 무기력 코끼리가 눌러 대서 피곤하고 지쳤던 터에 똑같이 짜

중으로 맞받아치거나 '알아서 할 테니까 신경 끄세요!' 류의 으르렁거림으로 반응하기 쉽습니다. 아무리 엄마 아빠라도 내가 으르렁거리는 걸 영원히 받아 줄 수는 없죠. 부모님과의 갈등은 서로를 향한 분노로 이어지기 쉽습니다.

무기력 코끼리의 가장 심각한 후유증이자 세 번째 특징은 **내가 세상을 보는 눈, 내가 나를 보는 눈, 여기에 더해 미래를 바라보는 눈을 이상하게 바꿔 놓는다**는 데 있습니다. 손가락으로 눈꺼풀을 살짝 누르기만 해도 세상이 일그러져 보이듯이 마음의 눈도 마찬가지입니다. 무기력 코끼리가 어깨에 올라타면 세상이 일그러져 보입니다.

'아, 하나도 재미없어.'

'쟤들은 무슨 힘이 저렇게 뻗치나.'

'나를 가만두지 못해서 안달 난 사람들뿐이네.'

무거운 머리를 겨우 들어서 거울을 들여다보면, 거울 속의 나도 달라져 있습니다.

'그럼 그렇지, 내가 뭘 할 수 있겠어.'

'하루 종일 누워 있어서 팅팅 부은 얼굴이 가관이다. 내가 봐도 싫어.'

다시 벌러덩 누워 머릿속에 그려 보는 나의 미래도 무기력 코끼리의 콧김으로 얼룩져 있습니다.

'꿈 같은 건 필요 없어.'

'이렇게 맨날 수업 들어 봤자 무슨 소용이야? 난 흙수저라고.'

무기력의 네 번째 특징은 **전염성이 있다**는 거예요. 무기력 코끼리와 상관없이 살았는데, 가만히 보니 우리 형 등짝에 매달려 있다면? 그 무기력은 나에게도 전염될 가능성이 있습니다. 머지않아 나는 부모님께 이렇게 말하게 될지도 모릅니다.

"형도 맨날 늦잠 자는데 왜 나만 일찍 일어나야 해요?"

"니네 형은 포기했어. (이미 무기력 코끼리가 부모님에게도 분양된 게 보입니다.) 너라도 일찍 일어나야지."

"알았어. 일어날게. 근데 나 누워서 휴대폰 30분만 볼게요. 잠은 안 잘 거니까 괜찮지?"

무기력의 다섯 번째 특징은 **후유증이 남는다**는 겁니다. 무기력하게 보낸 시간에 대해서는 반드시 대가를 치르게 된다는 거죠. 중학생 때 무기력증에 빠졌다가 고등학교 들어간 뒤에야 겨우 헤어 나온 친구를 생각해 보세요. 아직도 무기력 코끼리의 무게가 느껴지기는 하지만 벗어난 것은 천만다행입니다. 그런데 정신을 차려 보니 이미 친구들은 공부며 생활이며 다 고등학생의 삶에 최적화 되어 있습니다. 나는 초등학교 졸업할 때의 상태에 멈춰 있는데 말이죠. 아, 물론 그 친구가 중학교 시절을 놀면서 보낸 건 아닙니다. 무기력 코끼리와 사투를 벌이고 살아남았죠. 하지만 무기력 코끼리와 동행

한 시간이 길면 길수록 일상으로 복귀하는 데 더 많은 시간이 걸리게 됩니다. "저라고 그러고 싶어서 그랬겠어요? 제가 선택한 게 아니잖아요." 억울하고 속상해도 어쩔 수 없습니다. 안타깝지만 알고 있어야 할 무기력 코끼리의 특징입니다.

자, 이렇게 살펴본 무기력 코끼리의 특징은 가슴을 답답하게 만들지요? 그렇지만 여기서 끝나면 안 됩니다.

무기력 코끼리에 완전히 눌려서 온몸이 마비되기 전에, 무기력의 정체에 대해 먼저 알고 있다면요? 무기력 코끼리는 이제 정체가 탄로나고 약점이 잡힌 겁니다. 그렇다면 역전이 가능합니다. 이제 맞짱 뜰 일만 남았습니다. 어때요, 힘이 조금 차오르는 느낌이 들지 않나요? 앞에서 배운 무기력 코끼리의 특징, 꼭 기억하기로 해요. 다음 장에서는 무기력할 때 일어나는 일들에 대해 살펴볼 거예요.

무기력하면 나타나는 일들

희진이는 아까부터 자기 방 침대에 드러누워 가만히 있습니다. 아니, 자세히 보면 '가만히' 있는 것만은 아닙니다. 얼굴을 찡그렸다가 후우~ 한숨을 내쉬고 있으니까요.

'차라리 씻고 한숨 자는 게 낫겠다.'

이 생각도 아까부터 하고 있었습니다. 그런데 몸이 말을 듣지 않는군요. 학교 다녀와서 잠깐만 누웠다가 일어나야지 하고 벌렁 누웠는데, 도무지 움직일 수가 없습니다. 잠이라도 자면 좋을 것 같은데 학교에서는 그토록 몰려오던 잠이 지금은 다 달아났습니다. 창밖은 벌써 조금씩 어두워지고 있습니다. 희진이 마음도 덩달아 어두워지는 듯합니다.

'아무것도 안 하고 싶어. 왜 이렇게 다 재미가 없지?'

아까 학교에 있을 때부터 그런 생각이 들었습니다. 희진이는 친구들 이야기를 잘 들어 주는 편이라서 주변에 친구가 많습니다. 그저 친구들 이야기를 열심히 들어 주는 것뿐인데 친구들은 희진이에게 생각이 깊다, 마음이 편해진다는 이야기들을 많이 합니다. 그런데 아까는 정말 이상했습니다. 친구가 희진이 쪽으로 오려고 일어나는 모습을 보았을 뿐인데 갑자기 가슴이 답답하고, 피하고 싶었습니다. 마음이 피곤하다는 말이 적당할지 모르겠지만, 희진이의 마음의 상태가 딱 그랬습니다.

의욕이 사라지면 모든 게 다 어렵게 느껴지고, 아무것도 하고 싶지 않습니다. 당연한 결과이지만 해내는 일 자체가 거의 없고, 그런 자신이 못마땅하게 느껴지구요. 건강한 자극이나 기쁨이 될 만한 모든 일을 멀리하면서 외톨이가 되었다는 생각이 더욱 커집니다. 활기차게 잘 지내는 게 어떤 건지 아는 사람일수록 이런 무기력감은 더 큰 절망으로 다가옵니다.

무기력할 때 나타나는 모습들을 본격적으로 살펴보기 전에, 인생 경험을 좀 더 자세히 들여다볼 수 있는 그림을 먼저 보도록 하죠. 무기력에서 벗어날 단서를 얻을 수 있을 거예요. 임상심리학 박사인 그린스버그는 우리 인생을 입체적으로 이해할 수 있는 방법을 소개했습니다.

인생 경험의 다섯 가지 측면

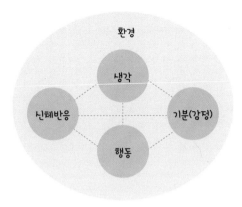

우리가 살면서 겪는 모든 일들을 뭉뚱그려서 생각하면 막연하게만 느껴지지만, 이 그림처럼 분할해서 구체적으로 보면 차곡차곡 정리가 됩니다. 이 그림을 보면서 여러분의 복잡한 사춘기에 대해서도 한번 생각해 보면 좋겠습니다. 사실 청소년기는 무기력이 자리 잡기에 최적의 시기입니다. 청소년기만큼 환경의 변화가 큰 때도 없지요. 무얼 해도 예쁘단 소리를 듣던 어린 시절을 지나온 지 얼마 안 된 것 같은데, 이제 곧 어른이 되어야 할 것만 같습니다. 말하자면 어정쩡하게 낀 상태입니다. 그리고 모든 것이 입시 중심으로 돌아가다 보니 맘 놓고 노는 건 꿈 같은 일이 돼 버리지요.

청소년기의 신체 변화는 무수히 들어봤을 거예요. 호르몬의 변화, 2차 성징…. 몸이 달라지는 동안 겪는 피곤함은 이루 말할 수 없습니다. 이 때문에 기분도 오르내리기 쉽지요. 청소년이 되면서 몸과 생각 모두 급격한 변화를 겪어야 하는데, 그 변화들을 감당할 만큼 넉넉하게 축적된 에너지가 없다면 금세 무기력해집니다. 청소년기만큼 무기력 코끼리의 서식지로 최적의 장소는 없다는 이야기지요. 자, 그럼 이 최적의 장소에 무기력 코끼리가 제대로 자리를 펴고 나면 어떤 일이 일어나는지 하나씩 짚어 볼게요.

무기력해지면 사는 게 재미가 없습니다

여러분은 뭘 할 때 재미가 있나요? 운동이 재미있는 사람이 있고, 친구들과 수다 떠는 게 재미있는 사람이 있는가 하면 시트콤을 보는 게 재미있는 사람이 있죠. 쇼핑하는 재미, 늦잠 자는 재미도 있구요. 저마다 재미의 기준이 다릅니다. 어떤 사람은 아무리 공부하는 재미를 느껴 보려고 해도 잘 되지 않는 반면, 웹툰은 너무나 재미있습니다. 어떤 사람은 시험 성적 올리는 게 재미있을지도 모릅니다. 이런 친구들은 웹툰에는 재미를 붙이기 어려울 수도 있어요.

그런데 무기력에 빠지면 이런 모든 재미들이 사라지고 맙니다. 간단한 실험을 한번 해 봅시다.

한 손으로 반대쪽 손목을 꽉 쥡니다. 손목을 잡힌 손의 주먹을 자기 나이만큼 쥐었다 폈다 해 봅니다. 꽉 쥐고 있는 손을 놓지 말고 손을 가만히 보세요. 어떤가요? 새로운 혈액이 들어오지 않아 하얗게 변했을 거예요. 재미를 느끼지 못하는 삶은, 핏기를 잃은 손과 비슷합니다. 내 손이 분명한데 감각이 무뎌지고 느낌이 이상하죠. 피는 우리를 살아 있게 하고 활력을 줍니다. 재미도 마찬가지예요. 재미가 없어지면 아무것도 하기 싫고 감정이 메말라 갑니다. 그러니 혼자 있고 싶고 소통하는 게 힘들죠. 아까 희진이가 친구들을 피하고 싶었던 것도 이렇게 생각해 보면 이해가 갑니다.

재미가 없는 게 뭐 그렇게 큰 문제냐구요? 큰 문제는 아닐 수 있어요. 그런데 사람은 생각보다 재미에 꽤 많이 의존하는 존재랍니다. 심지어 돈을 받고 하는 일보다 재미로 하는 일이 훨씬 더 큰 만족을 준다고까지 하거든요.

한 연구 팀에서 간단한 퍼즐을 푸는 심리 실험을 진행했는데, 한 팀에는 퍼즐을 다 풀면 돈을 주고 또 한 팀에는 아무런 보상 없이 퍼즐만 풀게 했다고 합니다. 언뜻 생각하면 돈을 받는 팀이 퍼즐을 더 열심히 풀 것 같지요? 물론 퍼즐을 푸는 시간에는 그랬다고 해요. 그런데 일부러 넣어 둔 쉬는 시간에 양쪽 사람들이 보이는 모습이 달랐다고 합니다. 돈을 받는 팀의 사람들은 쉬는 시간에는 퍼즐을 쳐다보지 않고 그냥 자기가 하고 싶은 일을 했습니다. 반면 돈을 받지 않은 사람들은 쉬는 시간에도 '재미로' 퍼즐 풀기를 계속했습니다. 우리 삶에서 재미가 하는 역할은 생각보다 큽니다. 그래서 일상에서 누리는 재미를 잃어버리는 걸 무기력의 가장 부정적인 영향으로 꼽기도 한답니다.

무기력하면 반갑지 않은 감정들이 나타납니다

짜증, 공허함, 서운함, 억울함…. 무기력하면 상상할 수 있는 모든 부정적인 감정들이 다 나타날 수 있습니다. 아무것도 하기 싫어서 다 관두고 누워만 있고 싶은데, 누가 조금 건들기만 해도 "에이 씨, 가만 좀 냅두라니깐!" 하고 버럭 하기 쉬워집니다.

무기력하면 우울감도 찾아오는데 때로는 우울감과 무기력이 뒤섞여서, 우울해서 무기력한 건지 무기력해서 우울한 건지 헷갈릴 정도가 됩니다. 무기력한 시간이 길어지면 불안과 두려운 감정도 몰려와 마음을 괴롭힙니다.

무기력하면 행동이 달라집니다

무기력하면 행동하지 않습니다. 움직일 엄두를 못 냅니다. 도저히 책상 앞에 앉아 있을 수가 없습니다. 그러다 보니 성적이 뚝뚝 떨어지겠죠. 친구들 만나는 것도 재미가 없으니 아무도 안 만납니다. 만나 봤자 넌 왜 그 모양이냐 잔소리를 할 것 같아서 싫습니다. 사실 친구를 만나러 나가는 것도 상당한 에너지가 필요합니다. 약속 날짜를 잡고, 옷을 골라 입고, 같이 먹을 메뉴도 정해야 합니다. 이전에는 아무렇지도 않게 해내던 일들인데 이상하게 짐으로 느껴집니다. 전에는 먼저 나서서 하던 일들을 남이 시켜도 하기 싫게 만드는 게 무기력의 위력입니다. 무기력이 심해지면 세수하고 양치하는 것처럼 아주 간단한 일조차 어려운 숙제로 느껴져서 할 수 있는 한 최대로 미루게 됩니다. 아침저녁으로 하던 세수를 하루 한 번으로 합치기도 하지요. 결국 최소한의 노력으로 할 수 있는 행동만 남습니다. 여러분은 어떤가요? 눈동자만 움직이면서 휴대폰만 들여다보고 있지는 않나요? 무기력 코끼리의 무게에 눌리고 있다는 걸 모른다면 이렇게 행동하는 자신이 정말 이상해졌다는 생각밖에 들지 않습니다.

무기력은 생각도 바꿔 놓습니다

무기력해지면 나는 뭘 해도 안 된다는 부정적인 생각이나 이왕 하려면 그럴듯하게 잘해야 한다는 완벽주의에 사로잡힙니다. 평소에 충분히 해냈던 일들조차 지레 겁을 먹고 포기하기도 하죠. 기분이 조금 안 좋고 몸이 살짝 안 좋은 것뿐인데 다시는 회복될 수 없는 고통의 서막으로 받아들이면서 나는 절대로 예전처럼 활기차게 살 수 없을 거라는 굳건한 자기 선언을 하기에 이릅니다.

부정적인 생각은 꼬리에 꼬리를 뭅니다. 그리고 결국 내가 바라는 내 모습과 씻지도 않고 미적대는 실제 모습 사이의 격차가 너무 커서 더욱 더 아무것도 안 하게 됩니다. 이런 생각들은 어디까지나 잘못된 믿음이지만, 완벽한 진실처럼 다가와 몸과 마음의 에너지를 모조리 빼앗아 버립니다.

무기력은 몸을 짓밟고 큰 변화를 일으킵니다

무기력하면 마음도 아프지만 몸도 아픕니다. 탈진과 피로에 시달리고, 식탐이 생기거나 반대로 생전 처음으로 입맛을 잃기도 합니다. 빈둥거리는 동안 군살이 붙고 팅팅 부을 수도 있구요. 제대로 먹지 않아 피부가 푸석해지고 다크 서클이 짙게 드리울 수도 있습니다. 주눅 든 사람처럼 엉거주춤한 자세는 말할 것도 없겠지요.

무기력은 나를 둘러싼 환경까지 바꿉니다

무기력해지면 옆에 있는 사람들까지 덩달아 무기력하게 하거나, 화가 솟구치게 만듭니다. 늘 낙지처럼 늘어져 있는 내 옆을 꿋꿋하게 지켜 주던 친구마저도 나의 영향을 받아 무기력해질 수 있습니다. 처음에는 걱정하던 엄마도 결국 눈에 쌍심지를 돋운 채 목소리를 높일 수도 있습니다.

무기력 이야기를 하면 꼭 떠오르는 캐릭터가 있습니다. 디멘터라는 이름, 들어 보셨어요? 〈해리 포터〉 시리즈에 나오는 생물체 가운데 하나입니다. 작가의 설명에 따르면 디멘터는 '영혼이 없는 존재로 지구상에서 가장 음험하고, 사람의 마음에서 행복을 빼앗아 가는' 유령 같은 존재라고 합니다. 디멘터는 어둡고 습한 곳에서 곰팡이처럼 자라나서 차가운 안개를 만들어 내는데, 본래는 마법사들의 감옥인 아즈카반을 지키는 역할을 했습니다. 디멘터가 있는 주변은 모두 차갑고 어두워지며, 디멘터가 많을수록 이 효과는 더 커집니다. 무엇보다도 끔찍한 장면은 '디멘터의 입맞춤'입니다. 디멘터의 입맞춤은 무슨 수를 써서라도 피해야 합니다. 디멘터의 입이 희생자의 입술에 닿으면 디멘터는 그 사람의 감정과 좋은 기억들을 빨아들여서 그 사람은 남아 있는 최악의 기억들로만 인생을 기억하게 됩니다. 마침내 영혼의 기억을 다 빨아들이면 그 사람은 식물인간처럼 아무런 기억도 감정도 남지 않게 됩니다.

작가인 롤링은 우울증을 앓고 나서 디멘터라는 캐릭터를 만들었습니다. 그러고 보니 디멘터가 무기력 코끼리와 닮은꼴이라는 생각이 듭니다. 무기력 코끼리가 마음속에 자리 잡으면 원래 갖고 있던 올망졸망한 행복들이 다 날아가 버립니다. 무기력이 커질수록 좋았던 기억들은 다 사라져 버리고, 삶은 슬픔과 고통으로만 기억됩니다. 무기력이 더욱 커져서 우울증으로 발전하기라도 하면 고통 말고는 아무것도 느낄 수 없는 상태가 되고 맙니다.

자, 다시 〈해리 포터〉 이야기로 돌아가 보죠. 제아무리 무서운 디멘터라 하더라도 대처할 방법이 있습니다. 디멘터와 짧게 스쳐 지나간 정도라면 초콜릿을 조금 먹으면 회복된다고 합니다. 그렇지만 몰려드는 디멘터들을 물리치는 데는 초콜릿 갖고는 한참 부족하죠. 이때 필요한 게 패트로누스 마법입니다. 행복한 생각을 하면서 힘차게 주문을 외치면 수호신 패트로누스가 나타나 자신을 불러낸 사람을 보호하면서 디멘터를 물리칩니다.

이 장면을 통해 우리 삶에 찾아오는 디멘터들인 무기력에게 어떻게 대처해야 할지 힌트를 얻습니다. 약간 무기력한 느낌이 들 때 달콤한 초콜릿을 조금 먹는 것은 좋은 방법입니다. 당분이 기운을 차리게 해 주니까요. 그렇지만 떼로 몰려드는 무기력을 물리쳐야 한다면 초콜릿 갖고는 턱도 없습니다.

그래서 우리도 패트로누스 마법을 동원할 필요가 있습니다. 해리 포터는 패트로누스를 불러내야 할 때 친구나 부모님의 모습을 상상했습니다. 무기력이 침범해서 꼼짝도 못 하겠다 싶을 때, 나만의 패트로누스를 불러내기 위해 동원할 수 있는 행복한 기억은 무엇일까요? 없다구요? 절대 그럴 리 없습니다. 입가에 작은 미소를 머금게 하는 아주 작은 행복이면 충분하니까요. 언젠가 생각도 못 한 찰나에 무기력 코끼리의 공격을 받으면 바로 꺼낼 수 있도록, 행복한 기억을 더듬어 정리해 놓으면 좋겠습니다.

무기력에 대한 다섯 가지 오해

준영이는 집 현관문을 쾅 하고 닫고 들어섭니다. 집에 오는 길에 제일 친한 친구와 말다툼을 한 겁니다. 발단은 친구 녀석의 말 한마디였습니다.

"준영아, 나 요새 모든 게 다 귀찮았거든. 근데 엄마가 나한테 무기력증이라고 그러는 거야. 야단을 덜 쳐서 그렇다나 뭐라나."

"어, 맞아. 내가 봐도 너 그래."

"그래? 난 내가 무기력하다고 생각 안 했거든. 엄마가 자꾸 짜증 나게 하고, 학교가 사람을 자꾸 성가시게 한다고만 생각했지."

"이제라도 알았으니 다행이다."

"야, 근데 나만 그런 거 아니야. 너도 그래."

"뭐?"

준영이는 친구를 노려보았습니다.

"왜 날 끌고 들어가냐? 너나 잘해. 아침부터 밤까지 정신없이 사는 거 몰라?"

"뭐? 너 어제도 숙제 안 해 와서 선생님한테 혼났잖아."

"그거야 그저께 농구하느라 너무 피곤해서 그랬지. 나 엄청 바빠. 할 일이 얼마나 많은데."

"해야 할 걸 제대로 안 하는 것도 무기력한 거래. 너도 그건 인정해야 할걸?"

준영이는 성질이 치밀어 올라 버럭 소리를 지르고 말았습니다.

"멀쩡한 사람 환자 만들지 마! 무기력은 무슨, 게을러터진 주제에."

휙 돌아서는데 친구의 뒷말이 뒤통수에 꽂혔습니다.

"이게 그렇게 화를 낼 일이냐? 그냥 넘어갈 수도 있는 거잖아. 정말 무기력한 게 아니면, 안 그래?"

- - - - - - - -

준영이 친구 말에도 일리는 있습니다. 지금 준영이는 정곡을 콕 찔렸기 때문에 더 화가 나는지도 모르겠습니다. 우리는 사실 무기력에 대해서 잘 모릅니다. 착각하고 오해하는 부분도 많죠. 무기력하다는 말을 들으면 지적받는다는 생각부터 들구요. 그래서 지금부터는 무기력에 대한 오해들을 짚어 보려고 합니다.

"축 늘어져야지만 무기력이라구"

준영이가 화가 난 건 이 부분 때문 아닐까요? 헉헉거리면서 나름 바쁘게 살고 있는데 가장 친한 친구가 무기력하다고 지적하니 서운 했던 것 같아요. 그런데 말이죠. 실제로 '무척 바쁘게 살지만' 무기력 할 수도 있습니다.

학교 과제를 발표해야 하는 상황을 생각해 볼까요? 무기력하지 않은 사람이라면 스트레스는 받겠지만 해야 할 일들을 차근차근 해 나갈 겁니다. 축축 늘어지는 무기력증에 시달리는 사람이라면 "아, 다 귀찮아, 아무것도 하기 싫어"를 되뇌고 있을 겁니다. 그리고 또 다른 유형의 사람이 있습니다. 발표와 관련된 책이란 책은 다 빌려 다 놓고, 인터넷에서 발표 동영상을 모조리 다 검색해 보고, 과제 스 케줄을 분 단위로 적고 있습니다. 이런 일들을 하느라 무지 바쁩니 다. 그런데 정작 발표 과제는? 하나도 안 만들었죠! 이런 경우 역시 무기력한 겁니다. 시험을 앞두고 책 한 글자 못 들여다보는 사람이 나, 공부 스케줄 세우다가 지쳐 잠드는 사람이나 둘 다 무기력하다 는 거죠. 무기력해지면 "난 안 돼. 나는 못 해"라는 말을 자주 해요. 놀면서 안 하든 계획 세우다 안 하든, 이 둘 모두 "난 안 돼. 나는 못 해"라고 단정을 짓습니다. 아무것도 못 하고 빈둥거리는 사람이 적극적 의미의 무기력이라면, 생각만 복잡하고 실제로는 딴짓하느라 에너지를 낭비한 사람은 소극적 의미의 무기력을 온몸으로 실천하는 셈입니다. 축 늘어진 모습만 무기력이 아니라는 사실, 기억해 두세요!

"게으름이나 무기력이나 그게 그거야"

준영이는 홧김에 친구더러 게을러터졌다고 말했습니다. 게으른 것과 무기력한 것은 비슷해 보입니다. 그렇지만 이 둘 사이에는 엄연한 차이가 있습니다. 인지심리학자 박경숙에 따르면 게으름은 '한 사람의 내부에서 생겨나는 것으로 일종의 습관'이라고 합니다. 이와 달리 무기력은 '외부에서 가해진 자극 때문에 의식과 무의식에 남게 된, 행위하지 않으려고 하는 힘'이라고 합니다.

좀 어려운가요? 더 자세히 설명해 볼게요. 게으름은 내 안에서 스스로 자라난 '습관'이구요. 무기력은 내가 겪은 부정적인 일들 때문에 생긴 '반응'입니다. 힘든 일을 겪고 나서 '에잇, 괜히 헛수고했잖아. 차라리 하지 말걸. 다음번부터는 아예 시작도 안 할 거야.' 이런 마음을 먹게 된 사람이 있다면 그 사람은 무기력으로 가는 첫발을 뗀 것과 마찬가지입니다. 게으름은 습관이기 때문에 겉으로 금방 티가 나지만 무기력은 특히 초반부에는 별로 티가 나지 않는 것도 차이점입니다.

게으른 습관이 있는 사람은 자신의 '게으른' 모습에 적응이 되어 있기 때문에 그렇게 큰 불편을 느끼지 않는 편입니다. 게을러서 청소를 잘 안 하는 사람과 무기력해서 청소를 안 하는 사람의 차이를 생각해 보면 이해가 갈 거예요. 게으른 사람은 지저분한 방을 보면서도 별로 스트레스를 안 받고, 자기 게으름의 정도를 토대로 '깨끗한 방'의 기준을 정하기 때문에 가끔 하는 청소만으로도 만족해합니다. 그렇지만 무기력해서 청소를 안 하는 사람은 지저분한 자기 방을 보는 것만으로도 골치가 아플 겁니다. 청소는 하기 싫고 청소 안 하는 자신도 마음에 안 들고 청소하라는 엄마의 잔소리도 듣기 싫고…. 이런 복잡한 생각들 때문에 청소 한번 하려면 정말이지 큰 맘을 먹어야 하지요.

"무기력한 게 아니라 쉬는 거라구"

가끔은 쉬는 게 정답일 때도 있습니다. 잘 쉬는 것만큼 좋은 보약은 없지요. 그렇지만 이게 쉬는 건지, 아니면 무기력 코끼리의 무게에 눌린 채 아무것도 못 하고 누워만 있는 건지는 확인할 필요가 있습니다. 무기력하게 보내는 동안에 에너지가 모인다면 얼마든 그렇게 해도 괜찮지만, 실은 에너지가 줄줄 새 나가는 시간일 수도 있습니다. 설명이 좀 더 필요할 듯해서 쉼과 무기력의 차이를 정리해 봤어요.

쉼 잘 쉬면 다시 일어날 힘을 얻습니다.

무기력 무기력에 빠지면 다시 일어나는 건 점점 더 먼 이야기가 됩니다.

푹 쉬었다 싶은데도 피곤하다면 차라리 쉬지 말아야 합니다. '만성피로증후군'이라고 해서, 아무리 쉬어도 심각한 피로에 시달리는 병이 있습니다. 의사들은 이 증후군에 시달리는 사람에게 쉬라고 할까요, 쉬지 말라고 할까요? 이 병을 앓는 사람들에게는 어떻게든 일상생활을 지속하라고, 최대한 피로와 맞서 싸우라고 조언합니다. 일을 그만두는 것보다 일을 줄여서라도 계속하도록 권합니다.

'우울증'도 마찬가지입니다. 독일의 우울증 전문의인 울리히 헤게를은 이렇게 경고했습니다. "집에서 푹 쉬며 잠을 많이 자거나 침대에 홀로 누워 골똘한 생각에 빠져 있는 행위는 오히려 우울증을 악화시킨다." 만일 무기력이 심해져서 우울증으로 가는 중이라면 푹 쉬려고 했던 나의 행동들이 나를 아프게 할 수도 있다는 사실을 기억해야 할 겁니다.

"무기력은 내버려 두면 좋아져"

아, 이 말이 사실이라면 얼마나 좋을까요? 하긴, 시간이 흐르면서 좋아지는 무기력도 없지는 않습니다. 아주 조금만 노력했는데 좋아지는 무기력도 있구요. 예를 들면 몸을 무리하게 움직인 다음 무기력하게 느껴질 때 달콤한 것을 먹거나 스트레칭을 하면 사라졌던 의욕이 다시 살아납니다. 머릿속이 복잡해서 아무것도 하기 싫을 때 머릿속에 가득 찬 것들을 노트에 적다 보면 정리가 되고 기분이 나아집니다. 그러면 머리가 마침내 숨을 쉬면서 무기력에서 스르륵 빠져나올 수도 있지요.

그럼 그냥 내버려 두면 되겠네요. 이 책도 읽을 필요가 없겠구요. 근데 '<u>모든</u> 무기력은 내버려 두면 좋아지기 마련이다'라는 말은 틀렸어요. 엄마랑 심하게 싸웠다고 생각해 보세요. 내버려 두면 좋아지던가요? 누군가는 사과를 하고 솔직하게 마음을 털어 놓아야 평화가 찾아옵니다. 화분에 꽃씨를 심어 키운다고 생각해 보세요. 내버려 두면 크나요? 아니죠. 물도 주고, 햇빛도 쪼여 주고, 흙에 곰팡이가 피면 걷고 하면서 돌봐야죠. 안 그러면 그냥 시들거나 꽃 대신 곰팡이로 가득 찬 화분만 남게 됩니다.

만일 그냥 내버려 두라고 말하는 사람이 스스로 무기력하다고 인정했다면 그나마 걱정이 덜 됩니다. 자기가 지금 무기력하다는 걸 알고 있고, 받아들였기 때문에 어떻게든 헤쳐 나가려고 할 테니까요. 혹시나 무기력 코끼리가 슬며시 발을 들여놓은 것도 눈치채지 못한 채 이런 말들을 되뇌고 있다면 계속 이 책을 읽어 나가길 바랍니다. "아, 아무것도 하기 싫다. 엄마 잔소리도 듣기 싫고 다 짜증 난다. 그냥 내버려 두라고!"

"무기력은 야단칠 문제야"

아까 준영이 친구 엄마가 했던 말이죠? 야단을 쳤어야 하는데 안 쳐서 친구가 무기력해졌다고 하셨죠. 이건 오해입니다. 이런 오해는 안타깝게도 꽤 많은 어른들의 머릿속에 자리 잡고 있어요. 너무 잘해 줘서, 너무 다 받아 줘서 아이들이 무기력하다고 하시면서요. 어른들이 자랄 때의 환경과 지금 친구들이 자라나는 환경이 다른 건 맞습니다. 그렇지만 과거와 현재를 비교하지 말고 지금 우리 주변에서 비교의 대상을 찾아본다면 어떨까요?

"야단치면 정신이 번쩍 나서 무기력한 게 덜해진다고!" 이 말이 정말 맞다면, 야단을 많이 맞는 친구들이 덜 무기력해야 하겠죠. 그런데 정말 그런가요? 사실 야단치고 혼을 내서 없어지는 건 진정한 무기력이 아니랍니다.

앞에서 게으른 습관과 무기력의 차이를 설명했지요? 습관이라면 야단을 맞거나 혼이 나면 고쳐질 가능성이 조금 있습니다. 물론 심리학 이론에서, 처벌로 좋아질 수 있는 건 하나도 없다는 결론이 이미 나와 있기 때문에 이것도 쉽지는 않을 것 같지만 말입니다. 그러나 무기력이라면 이야기는 다릅니다. 진정한 무기력은 '자기 자신을 보는 관점'과 연결이 되거든요. 여기서 잠깐, 생각의 실험을 해 보면서 우리가 하는 생각이 얼마나 큰 힘이 있는지 점검해 보기로 해요.

잠시 눈을 감고, 심호흡을 깊게 여러 번 합니다. 몸과 마음을 최대한 편안한 상태로 만들어 보세요. 그리고 진지하게, 이게 마음 밑바닥에서 올라온 진짜 생각인 것처럼, 아래 쓰인 문장을 읽으면서 어떤 느낌이 드는지 살펴봅시다.

"난 참 괜찮은 사람이야. 세상에 나는 딱 한 사람밖에 없거든. 나는 내가 특별해서 좋아."

어떤가요? 나도 모르게 얼굴에 슬며시 미소가 떠오르지 않나요? 마음속으로 따뜻한 느낌이 들어오는 것 같지요?

아무런 느낌도 들지 않는 사람이 있다면 진지한 마음으로 실험에 임하지 않았을 가능성이 있으니, 심호흡을 하고 다시 한 번 읽어 보세요.

이번에는 또 다른 문장을 읽어 볼까요? 조금 전에 한껏 따뜻해졌던 마음의 느낌들을 털어 내고, 다시 한 번 심호흡을 하면서 마음 밑바닥을 깨끗한 백지로 만들어 봅니다. 그리고 진지하게 아래 문장을 읽어 봅시다.

"나는 구제불능이야. 아무것도 아니라고. 난 실패했어."

이런 생각을 하면서 힘이 솟는 사람, 있나요? 있다면 그 사람은 역시 실험을 제대로 안 한 겁니다. 제대로 했다면 그나마 조금 남아 있던 기운마저 다 빠져나갈 거예요. 이런 생각들은 칭찬을 받을 때 하는 생각들이 아니죠. 오히려 야단맞고 꾸중을 들을 때 하기 쉬운 생각입니다.

무기력해 보이는 친구들을 야단치고 다그치는 어른들은 무기력한 게 안타까워서 그러는 경우가 많습니다. 그렇지만 그 안타까움으로 해결되는 건 하나도 없고 오히려 더 깊은 무기력감에 빠지게 만들 수도 있다는 게 더 큰 안타까움을 불러일으킵니다.

자기 스스로를 야단치는 친구들도 있습니다. "그렇게밖에 못 해? 너한테 정말 실망이다." 이러면서요. 그렇게라도 해서 힘을 내고자 하는 마음은 이해가 갑니다. 그렇지만 그런 말을 한다고 좋은 결과가 나올까요? 더 깊은 무기력에 빠지지 않으면 다행이에요. 무기력은 다그친다고 해결되는 게 아니에요. 급할 거 없어요. 앞으로 자신의 마음과 행동을 하나씩 점검하고 차근차근 정리해 가면서 '나를 무기력에서 일으키는 방법'을 배워 봅시다.

무기력을 이기는 힘

　중1부터 고3까지 60명의 친구들에게 무기력에서 벗어나야 하는 이유를 물었습니다.

　무기력해서는 아무것도 할 수가 없다, 그래 봐야 나만 손해라는 현실적인 대답부터, 무기력하면 생명의 본질을 찾지 못한다는 철학적인 대답, 무기력에는 전염성이 있고 이것만으로도 우울증 전 단계가 아니냐는 의학적인 대답, 지켜봐 주는 사람들을 위해서라는 공동체를 생각하는 대답, 무기력이 지속되면 비행 탈선으로 이어진다는 선생님 같은 대답, 이렇게 즐겁고 할 것 많은 세상, 이 재미를 모르면 안 된다는 안타까움 섞인 대답, 의욕적으로 살았을 때가 무기력하게 살았을 때보다 삶에 대한 만족도도 높고 기분도 더 좋기 때문이라거나, 즐거운 일이 즐겁

게 느껴지지 않는 삶을 살다 보니 그게 얼마나 슬픈 건지 알게 되어 꼭 무기력에서 벗어나야 한다는 경험에서 나온 대답들이 있었습니다.

크고 작은 무기력들을 딛고 솔직하게 답해 준 모든 친구들에게 감사를 전합니다.

스포일러가 될지 모르겠지만 결론부터 얘기하려고 합니다.

"무기력은 좋아집니다."

무기력으로부터 벗어나야 하는 이유를 진지하게 고민해 준 친구들의 모든 목소리들을 모아 다시 한 번 힘주어 말합니다. 무기력은 좋아집니다.

그렇지만 이 말은 무기력에서 빠져나오는 게 쉽다는 가벼운 위로나 달콤한 속삭임이 아닙니다. 실제로 우리 주변에는 무기력에 빠졌다가 헤어 나오지 못해 내내 늘어진 채로 사는 사람들이 있거든요. 무기력은 분명히 좋아진다고 했는데 그럼 이런 사람들은 대체 왜 나아지지 않는 걸까요? 무기력을 딛고 일어나는 사람과 그렇지 못한 사람이 어떻게 다른지 알아보면서 어떻게 무기력 코끼리를 떠나보낼 수 있을지 생각해 보자구요.

누군가는 무기력했다가도 빨리 추스르고, 누군가는 깊은 잠에 빠진 것처럼 마냥 시간을 흘려보냅니다. 이들이라고 무기력에서 빠져

나오고 싶지 않은 건 아닐 겁니다. 이 둘의 차이를 설명할 수 있는 개념이 '회복탄력성'이에요. 회복탄력성은 밑바닥까지 떨어졌다가도 다시 튀어 오를 수 있는 능력을 말합니다. 고무공과 찰흙을 뭉친 공을 떨어뜨리는 장면을 생각해 보세요. 고무공은 경쾌하게 튀어 오를 거고 찰흙 공은 지저분하게 팍 퍼져 버릴 겁니다. 이것이 회복탄력성의 차이입니다.

자, 여기서 실험을 추가합니다. 나무로 만든 공이라면? 튀어 오르지는 못하지만 깨지지는 않을 거구요. 유리로 만든 공이라면? 박살이 나는 바람에 유리 조각을 청소하느라 고생깨나 하게 될 겁니다. 사람의 회복탄력성도 이와 비슷합니다. 바닥에 떨어지고 튀어 오르는 과정을 통해 처음보다 더 높은 자리로 올라가는 사람들이 분명히 있어요. 물론 반대인 경우도 있구요.

잠깐, 계속 바닥에 떨어졌다고 말하는데 이 '바닥'이 무엇일까요? 사실 우리가 사는 세상에는 바닥의 범위라는 게 정해져 있지 않습니다. 내가 이것을 '바닥'이라고 정의하면 바닥이 되는 거지요. 성적이 10등인 걸 바닥으로 보는 사람이 있고 천장으로 보는 사람이 있잖아요. 아무리 불행한 사건이나 역경이라도 그걸 다시 튀어 오르기 위한 기회로 보면 도움닫기 발판이 되고, 끝도 없이 떨어지는 나락으로 보면 절망적인 상황이 됩니다. 결국 바닥을 치고 올라올 수 있는 힘은 멀리 있지 않고 바로 내 머릿속에 있습니다.

회복탄력성이 높은 사람은 어려운 상황을 극복하고 원래 상태로 돌아갈 가능성이 높습니다. 제2차 세계대전 노르망디 상륙 작전에서 큰 활약을 펼쳤던 미 육군 장군 조지 스미스 패튼은 이렇게 말했습니다. "나는 얼마나 높은 자리까지 올랐는지를 보고 사람의 성공을 가늠하는 것이 아니라, 인생의 바닥을 쳤을 때 얼마만큼 높이 튀어 오르느냐를 보고 판단한다."

통번역사 박혜림은 '황반원공'이라는 병을 앓아 시력을 잃을 뻔했던 경험을 소개하면서 회복탄력성을 설명했습니다. "신기한 것은 우울함의 바닥을 치니 오히려 담대해지더라는 것. 시력이 회복될지는 모르지만 노력해 보자는 생각이 들었다. 대체 삶의 어느 부분이 확실한가? 우리는 최선을 다할 뿐, 결과는 우리 몫이 아니니 말이다." 다행히도 시력이 회복된 박혜림은 바닥을 친 사람들에게 이렇게 이야기합니다. "지금 바닥을 쳤다고 슬퍼하지 말자. 아무리 바닥에 내동댕이쳐졌다 할지라도 튀어 오를 수 있는 탄력만 갖췄다면 애초에 떨어졌던 지점보다 더 높이 오를 테니."

그러면 회복탄력성이라고 하는 매력적인 성질은 어떻게 하면 생기는 걸까요? 스코틀랜드의 사회복지학 교수 브리지 대니얼은 회복탄력성의 세 가지 기본 요소를 I Have, I Am, I Can으로 설명했습니다. 3가지 I 라니, 기억하기도 쉽겠지요?

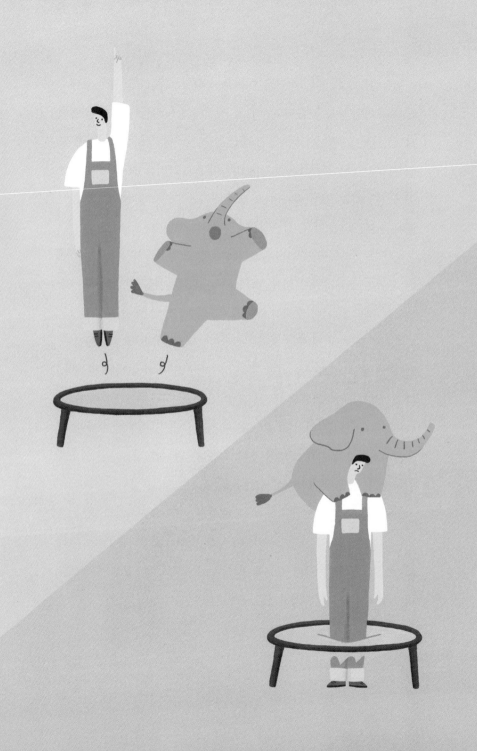

I Have : 무얼 가지고 있으면 회복탄력성이 높아지려나 궁금하죠? 답은 간단합니다. 나를 좋아하고 나를 도와주는 사람!

I Am : 회복탄력성을 높이기 위해 나는 어떤 사람이 되어야 할까요? 예쁜 사람? 공부 잘하는 사람? 착한 사람?
한마디로 요약하면 '사랑받을 만한 사람'입니다. 아주 괜찮아서 사랑받을 만하다고 이야기하는 것이 아닙니다. 나 자신과 다른 사람을 존중하는 사람이면 충분합니다.

I Can : 회복탄력성이 높은 사람은 무얼 할 수 있는 사람일까요? 현재의 문제를 해결할 수 있고, 자신을 조절할 수 있는 사람입니다.

이 세 가지로 먼저 나 자신을 돌아보세요.
내 옆에는 나를 좋아하고 나를 도와줄 사람이 있나?
나는 다른 사람을 존중할 줄 아는 사랑받을 만한 사람인가?
나는 지금 닥친 문제를 해결할 수 있고 나 자신을 조절할 수 있을까?
세 가지 모두 뚝딱 대답하기 어렵다고 미리 포기할 필요는 없어요. 내 옆에 있는 사람은 내 마음대로 하기 어렵다고 해도, 내가 나를 '사랑받을 만한 사람'으로 보는 것, 눈앞에 닥친 문제를 해결하기로 결심하고 노력하는 것, 나 자신을 조절하고자 애쓰는 건 얼마든지 할 수 있는 일들이기 때문이에요.

이 세 가지 I 외에 회복탄력성에 영향을 미치는 요인들이 더 있습니다. 한번 들어보세요.

자신감, 지성, 쾌활함, 절망하지 않는 능력 : 자신감은 내가 나를 믿는 정도를 말합니다. 나를 믿으려고 노력하는 건 회복탄력성을 키워 줍니다. 지성은 사전적인 의미로 지각된 것을 정리하고 통일해, 이것을 바탕으로 새로운 인식을 낳게 하는 정신 작용을 말해요. 지성은 얼마든지 발전이 가능한 영역이고, 지성을 발전시킨다면 어려운 일 앞에서도 일어날 힘을 얻을 수 있습니다. 쾌활함이나 절망하지 않는 능력도 크게 다르지 않아요. 지금 거울을 보면서 나를 향해 씨익 웃어 줄 수 있다면, 그리고 절망하지 않기로 결심한다면 최종 결과와 상관없이 나는 회복탄력성을 키우고 있는 거예요. 어차피 회복탄력성은 '얼마나 높이 튀어 오르는가'가 아니라, '떨어진 그 자리에 그냥 엎어져 버리지 않고, 단 얼마라도 좋으니 다시 올라오는 힘'이기 때문입니다.

믿을 수 있는 사회적 관계를 만들어 나가는 능력 : 친구를 사귀고 모임에 나가 관계를 맺는 힘을 말하겠지요. 누군가와 좋은 관계를 맺고 그들로부터 도움을 받는 능력이 회복탄력성의 토대입니다.

자기인식, 무언가 이룰 수 있다는 희망적인 생각 : 자신이 누구인지를 깨닫고, 할 수 있다는 생각으로 마음을 가득 채우는 건 한번 해 볼 수 있을 것 같지 않나요? 자신의 행동이 앞으로의 삶을 변화시킬 수 있다고 믿는 것, 자기 스스로 어떤 일을 성취할 수 있을 거라는 기대감만으로도 회복탄력성은 자라납니다.

다양한 변화를 받아들이는 열린 마음, 달갑지 않은 변화도 불가피하다면 적극 수용하려는 마음 : '그건 절대로 안 돼!'라는, 온몸에 힘 빡 들어가는 고집을 내려놓고 잠깐 숨 고르기를 해 보세요. 변화를 받아들이는 것에는 '무기력으로부터 벗어날 수 있다'는 가능성을 받아들이는 것도 들어가지요. '그건 절대로 안 된다구!'라고 고함치기 전에, 한번 해 볼 수도 있겠다는 생각으로 마음의 문을 열어 보세요.

이 모든 이야기들에도 불구하고 회복탄력성이라는 게 영 내 것 같지 않은 친구들, 있지요? 걱정하지 말고 잘 들어 봐 주세요. 회복탄력성이 낮은 사람들이 저지르기 쉬운 두 가지 실수가 있어요. 회복탄력성을 높이는 게 도저히 오를 수 없는 산처럼 보인다면 회복탄력성이 낮아서 범할 수 있는 실수들부터 피해 보자구요.

아동청소년 심리학자 게오르그 코르만이 한 이야기입니다. "첫째, 이들은 자신의 운명을 한탄한다. 그러나 한탄으로는 상황이 바뀌지 않으며 더 악화될 뿐이다. 둘째, 이들은 문제와 문제의 원인에만 신경을 곤두세우느라 해결 방법은 뒷전이다. 이는 위기를 더 부채질하는 꼴밖에 안 된다."

무언가 일이 잘 안 풀리고 무기력할 때 할 수 있는 일이 자신을 한탄하며 울고만 있는 걸까요? 그렇지 않죠! 지금이라도 한탄을 접기로 결심하는 편이 백 배 낫습니다. 왜냐구요? 한탄하고 우는 동안 내 상황이 달라질 수 있을 가능성은 눈곱만큼도 없기 때문이에요. 실컷 울어서 달라질 것 같으면 백 번이라도 울겠죠. 그렇지만 그럴 가능성은 별로 없기 때문에, 나는 내가 할 수 있는 것을 하기로 결단해야 하는 거예요. 여기에서 시선을 돌릴 곳을 소개할게요. 지금까지는 문제와 문제의 원인에만 주목했다면 이제는 '왜'가 아닌 '어떻게'로 눈을 돌려야 합니다.

'내가 왜 무기력해졌을까? 나는 왜 이렇게밖에 안 될까? 무기력한 내가 너무 싫다고. 이런 나로 살고 싶지 않아!'

이렇게 생각하는 게 '왜'의 자세라면,

'음, 내가 무기력하구나. 그러면 어떻게 해야 할까? 무기력한 내가 마음에 드는 건 아닌데, 이렇게 계속 있고 싶지 않아. 그렇다면 이제

무얼 어떻게 해야 할지 진지하게 생각을 좀 해 봐야겠다.'

이것이 '어떻게'의 자세입니다. 지나온 시간들을 돌아보면서 후회만 하고 있어서는 앞으로 나아가기가 어려워요. 다행히 우리에겐 앞으로 나아갈 수 있는 희망이 있습니다. 아무리 심각한 무기력이 찾아왔다 하더라도 그 상황을 깨닫고 해결할 수 있는 것은 다름 아닌 나 자신이라는 것, 그러니까 내 머릿속에 열쇠가 있다는 것, 그것이 우리의 희망입니다. 이 사실을 절대 잊지 마세요.

2부

모든 무기력에는
이유가 있다

선생님과 대화를 나누고 있는 희수의 등에 무기력 코끼리 발자국이
보입니다. 축 처진 어깨, 푹푹 내쉬는 한숨, 언뜻 보기에도 기운이 쭉
빠진 모습입니다.

"네 생각에는 왜 무기력해지는 것 같니?"

"속상해서요."

"그러게. 속상하면 힘이 빠지겠지? 그런데 무기력해서 속상한 경우도
있을 것 같아. 닭이 먼저냐 달걀이 먼저냐 같긴 한데. 그럼 다른 이유
도 있을까?"

"저는 인정을 못 받으면 무기력해져요. 크게 인정받는 거 말고 아주
작은 인정들 있잖아요. 성적이 올라서 받는 인정, 노래 잘한다고 받는

인정, 친구들이 '네가 있어야 재밌어!'라고 해 주면 힘이 나더라구요."

"그건 어른이나 청소년이나 다 똑같아. 어떨 때는 주변 사람들이 우리들을 인정해 주지 않으려고 작정한 것처럼 보일 때도 있어."

"맞아요. 인정을 못 받으면 이때까지 노력했던 게 물거품이 되는 것 같아요."

"맞아. 나도 그렇거든. 그럼 또 다른 이유는 없을까?"

"몸이 아플 때도 무기력해진 적이 있었던 것 같아요."

"그러네. 사실은 몸이 아픈 건데 마음이 아픈 거랑 착각하게 되는 경우가 있어. 우리 몸은 강한 것 같으면서도 약해서, 조금만 아파도 기분까지 나빠지기 쉬워. 반대로 기분이 좋아지면 아프다가도 벌떡 일어날 수도 있지."

"제 친구 중에는 잠을 못 잤더니 무기력해졌다는 애도 있어요. 1등 자리 놓고 경쟁하다가 지친 애도 있었구요. 체력이 뒷받침이 안 되더래요. 다른 친구들이 밤새워서 공부하는 걸 보니까 갑자기 기운이 빠졌대요."

"공부 잘한다고 무기력해지지 말란 법은 없는 것 같아. 그렇게 따지고 보면 무기력해질 이유는 수천수만 가지는 되는 것 같다, 그치? 이런 이유들 속에서 살아남는 게 쉬운 일은 아니라니깐."

"근데요, 왜 물어보셨어요?"

"응?"

"왜 무기력해지는 것 같으냐고 물어보셨잖아요. 무기력한 이유가 중
요해요?"

네, 그렇습니다. 예리한 질문! 무기력의 이유는 중요합니다. 무기력
의 이유를 찾아보는 것에는 여러 가지 의미가 있지만 진짜 목표는
하나입니다. 무기력으로부터 벗어나는 것! 무기력에 빠진 사람이 '대
체 내가 왜 이렇게 됐지?' 하고 과거를 돌아보는 것은 큰 의미가 있
습니다. 아직 무기력에 빠져 본 적이 없는 사람이라면 이런 경우에
무기력해질 수 있다는 걸 알아두면 좋을 겁니다. 남들이 다 넘어지
는 곳이라면 나도 넘어질 수 있다는 생각을 하고 가는 게 안전하겠
지요. 화재 진압보다 더 중요하고 쉬운 건 화재 예방입니다. 무기력
도 마찬가지예요. 코끼리가 올라타지 않도록 코끼리에 대해서 알고
예방할 수 있다면 그것보다 좋은 게 없을 거예요.

무기력의 이유를 찾기 위해, 나란 사람에 대해 좀 더 자세히 살펴
보는 것부터 시작하려고 합니다.

나는 누구일까요? 시간과 공간 속에 머무는 존재지요. 주말 저녁
내 방에서, 또는 겨울방학 때 도서관에서, 이런 식으로요. 시간과 공
간은 통틀어서 환경이라고 부를 수 있어요. 그리고 이 환경은 우리
를 둘러싼 거대한 빙산과 같아요. 빙하에서 떨어져 나온 얼음 덩어

리를 빙산이라고 하지요. 빙산이 바닷물에 잠기면 얼음의 밀도가 바닷물의 밀도보다 10퍼센트 정도 낮기 때문에 바다 위로 보이는 부분이 10퍼센트밖에 안 되고 보이지 않는 부분이 90퍼센트라고 해요.

사람의 마음도 그래요. 눈에 보이는 나, 겉으로 드러나는 내가 있는가 하면 눈에 잘 띄지 않는 나, 쉽게 잘 보이지 않는 내가 있어요. 환경 역시 마찬가지죠. 주변을 휙 둘러보면 금방 눈에 들어오는 환경이 있고 눈에 잘 보이지는 않지만 시간이 흐르면서 계속 누적되어 온 환경이 있어요. 좀 어렵게 들리나요? 친구와 함께 집으로 가는 혜령이의 모습을 한번 상상해 보세요. 혜령이는 웃으면서 친구와 이야기를 하고 있어요. 겉으로 드러나는 혜령이의 모습은 깔깔 웃는 얼굴이죠. 혜령이 옆에 있는 친구는 이 순간 혜령이의 환경이에요. 그런데 가만히 속마음을 들여다보면 이게 전부가 아니거든요. 혜령이는 어제 동생이랑 싸웠어요. 너무 화가 나서 동생이 아끼는 장난감을 쓰레기통에 버렸죠. 깔깔 웃으면서도 혜령이는 걱정이 돼요. 동생이 펄쩍 뛰면서 화를 낼까, 아무도 모른 채로 지나가게 될까, 치사하게 엄마한테 일러서 나만 나쁜 인간을 만드는 거 아닐까 온갖 걱정들이 지나가요. 이건 드러나지 않았지만 혜령이 마음속에 커다랗게 자리를 잡고 있어요. 한편 옆에 있는 친구는, 어릴 때부터 친한 친구여서 혜령이도 잘 알고 혜령이 동생도 잘 알아요. 혜령이가 동생 때문에 짜증 난다고 하면 그게 무슨 뜻인지 잘 알죠. 아직은 혜령이가 동생과 싸운 이야기를 하지 않았기 때문에 친구는 혜령이의 속마음을 알지 못하지만, 둘이 함께 보낸 시간들은 차곡차곡 쌓여 있어서 언제라도 혜령이가 입만 열면 이해할 수 있을 거예요. 이렇듯 시간은 눈에 보이지 않는 환경 가운데 중요한 역할을 한답니다.

무기력 코끼리는 건강하고 반짝거리는 나와 환경 속에서는 잘 자라지 않아요. 신나게 웃고 있다 말고 갑자기 무기력해지기가 얼마나 어려운지 아세요? 그런데 어디든 삐거덕거리는 곳이 있으면, 그게 나 자신이든 환경이든, 무기력 코끼리는 슬며시 찾아와서 자리를 차지하기 시작하죠. 처음에는 잠깐 왔다가 갈지 모르지만, 삐거덕거리는 문제가 커질수록 코끼리는 아예 눌러앉기로 작정을 하게 된답니다. 그러면 지금부터 우리가 무엇 때문에 무기력해지는지 그 이유를 하나씩 살펴보기로 할게요.

겉마음 : 걱정과 불안, 완벽주의

준석이는 첫 페이지만 필기를 해 놓은 공책을 뒤적거리면서 한숨을 내쉽니다. 벌써 몇 시간째 이러고 있는지 모르겠습니다. 지금 뭘 하려고 하는지도 모르겠고, 차라리 잠이라도 한숨 자면 나을 것 같은데, 눕자니 불안해서 계속 공책만 넘기고 있습니다.

작년까지만 해도 준석이는 열심히 살았습니다. 누구나 다 인정할 만큼 부지런했죠. 모두가 선망하는 고등학교에 가려면 그렇게 살 수밖에 없었습니다. 왜 이 학교에 가는 걸 그렇게까지 바랐는지, 지금 돌아보면 잘 이해가 가지 않습니다. 그렇습니다. 준석이는 노력의 결과로 꿈꾸던 학교에 들어왔습니다. 그런데 막상 들어와서 보니 자기가 꿈꾼 게 뭐였는지 잘 모르겠다는 생각밖에 들지 않습니다. 일단 다른 애들이 공부를 너무 잘합니다. 중학교 때까지만 해도 준석이는 친구들 중에 제일 공부를 잘했습니다. 아이들은 준석이를 부러워하기도 하고 얄미워하기도 했습니다. 그런데 지금은 사정이 전혀 다릅니다. 첫 성적표가 나왔을 때 준석이는 생전 처음 받아 본 등수에 충격을 받았습니다. 처음이라 그러려니 했는데, 다음번 성적도 엉망이었습니다.

"그래서 일부러 그 학교 안 가는 애들도 있다잖아."

어릴 적부터 친했던 동네 친구한테 어렵게 이야기를 했더니, 이렇게 뻔한 소리만 합니다. 누가 모르나요? 다 알고 선택한 학교였는걸요. 그래도 설마 이 정도일 줄은 상상도 못 했습니다.

누가 봐도 공부를 열심히 하는 친구가 자기보다 점수가 잘 나오는 건 그러려니 하겠습니다. 그런데 공도 차고 PC방도 다니고 할 거 다 하면서 점수가 잘 나오는 친구들은 도무지 이해를 할 수가 없었습니다. 자기 빼고 다 잘 알아듣는 친구들 사이에서 기가 죽었고, 선생님이 자기만 한심하게 보는 것 같았습니다. 사소한 일로 친구와 싸우고 나서 화장실로 달려가 미친 듯이 울어 버렸습니다. 수업 시간이 한참 지나서 교실로 갔는데 울어서 그런지 몰라도 집중이 잘 안 됐습니다. 그때부터였던 것 같습니다. 아무것도 하고 싶지 않고, 그냥 모든 게 다 귀찮고 힘들게만 느껴졌던 게요.

무기력 코끼리가 튼튼하고 건강한 사람에게는 쉽게 올라타지 못한다고 했죠? 이걸 뒤집어서 생각해 보면, 힘이 빠지고 약해졌을 때 무기력 코끼리를 기르기 쉽다는 뜻이 됩니다. 겉으로 드러나 보이는 내가 제일 약해질 때는 걱정과 불안에 사로잡혔을 때입니다. 걱정과 불안은 눈에 보이는 게 아니니까 '겉으로 보이는 나'에 해당하지 않을 것 같나요? 한번 가만히 생각해 보세요. 마음속에 가득한 불안과 걱정은 어떤 식으로든 겉으로 드러나게 마련이에요. 푸욱 한숨을 쉴 수도 있고, 인상이 찌그러져 있기도 하고, 잘못한 것도 없는데 가슴이 콩닥거리면서 뭔가 잘 안 될 것 같은 생각만 자꾸 들어서 얼굴이 밝지 않죠. 불안과 걱정은 남에게도 보이고 나에게도 보이기 때문에 '겉으로 보이는' 나의 한 면이라고 볼 수 있어요.

그러면 우리를 이렇게 걱정과 불안에 빠뜨리는 제일 흔한 요인이 뭘까요? 바로 '지나치게 높은 목표'입니다. 이것 역시 좀 이상하게 들릴지도 몰라요. 큰 꿈과 목표를 세우라는 이야기를 들어 본 사람들이 더 많을 테니까요. 높은 목표를 세우는 것 자체가 문제는 아닙니다. 하지만 이것이 '지나치게 높은' 목표라면 이야기는 달라지죠. 장대높이뛰기 선수들을 떠올려 보세요. 처음부터 제일 높은 꼭대기에 가로대를 걸지 않거든요. 무난히 넘을 수 있는 데서부터 시작해서 조금씩 높이를 올리지요. 만일 처음부터 올림픽 금메달리스트가 겨우 넘는 높이에 가로대를 걸어 놓는다면, 저 멀리서 장대를 들고 뛰어오는 동안 온갖 생각이 머릿속을 복잡하게 할 거예요. '과연 내가 저걸 넘을 수 있을까, 넘다가 가로대에 걸려서 떨어지고 다치면 어쩌지, 얼마나 아프고 창피할까, 다들 나만 쳐다보고 있는데…' 이런 생각들에 사로잡히다 보면 뛰어오다 말고 힘이 빠져서, 장대를 짚기도 전에 기권을 선언하게 될지 모릅니다. 이것은 운동선수들만의 이야기가 아닙니다.

실패에 대한 두려움은 우리 마음을 쉽게 무기력으로 몰아넣습니다. 중학교 때까지 잘나가던 준석이가 왜 무기력에 빠진 것 같나요? 노력했는데도 성공하지 못하자 절대로 용서할 수 없는 패배를 한 거나 마찬가지로 받아들이고 있기 때문이지요. 그러다 보니 아예 시도조차 안 하게 된 겁니다. 노력하는 '과정'이 아닌 노력의 '결과물'로 자신을 평가한다면 이러한 두려움은 더욱 커집니다. 우리가 살고 있는 세상은 결과물로 우리를 평가할 때가 많아요. 어떻게 하든 좋은 대학에 가면 훌륭한 사람이고, 무얼 해도 돈을 많이 벌면 성공했다고 보는 시각이 많잖아요. 이러한 시각들 때문에 우리 역시 자신에 대해서도 결과로 평가할 가능성이 높습니다. 하지만 열심히 공부를 한다고 다 좋은 대학에 갈 수 있는 것도 아니고, 공부를 잘했다고 행복해지는 건 아니에요. 좋은 대학이 좋은 삶을 보장해 주는 것도 아니죠. 만일 이런 모든 상황들을 잘 알면서도 단지 자기 자신을 결과로 평가한다면, 세상 사는 게 얼마나 더 팍팍해질까요. 이 팍팍한 마음으로 세상을 바라보면 얼마나 불안하고 걱정이 많아질까요. 결과로만 자기 자신을 평가하는 사람의 마음이 힘들지 않다면 그게 더 이상할 겁니다.

사람을 걱정과 불안으로 밀어 넣는 일등 공신은 또 있는데, 바로 '해야 한다 삼총사'입니다.

'난 성공해야 한다.'

'누구나 내게 잘 대해 주어야 한다.'

'세상은 반드시 살기 쉬워야 한다.'

이런 생각들에 사로잡혀 있으면 순식간에 불안과 걱정에 빠져들게 마련입니다. 조금만 정신 차리고 보면 다 말도 안 되는 이야기들이지만, 막상 내 머릿속에서 뭉게뭉게 솟아오르는 그 순간에는 꽤나 당연한 진리처럼 들립니다.

'당연히 난 잘 돼야 하는 거 아냐?'

'어떻게 나한테 막 대할 수가 있어?'

'세상이 살기 어렵다니, 말도 안 돼!'

그러나 우리의 강렬한 바람에도 불구하고, 누구나 다 잘될 수는 없고, 나에게 아픔을 주는 사람은 늘 있으며, 세상은 살기가 녹록치 않습니다. '해야 한다 삼총사'는 '합리적·정서적 행동치료법'이라는, 이름은 어렵지만 알고 보면 쉬운 치료법을 개발한 심리학자 앨버트

엘리스가 붙인 이름입니다. 이런 기대대로 살 수 있다면 얼마나 좋을까요? 하지만 아쉽게도 우리는 천국이 아니라 이 땅 위에 살고 있는걸요. 그런데 땅 위에 살고 있다는 사실을 잊은 채 저 천국의 아름다운 생활(나는 너무 잘되고, 사람들도 너무 좋고, 세상은 포근한 꽃밭인)만 꿈꾸다 보면 내 머릿속의 세상과 이 땅 위의 냉정함이라는 엄청난 격차 때문에 내 마음은 힘이 빠지고, 마침내 무기력 코끼리가 살기 쉬운 환경으로 변합니다.

'해야 한다 삼총사'는 걱정과 불안을 예약하는 가장 확실한 방법이자 완벽주의와 연결되는 생각입니다.

"나처럼 대충대충 사는 사람한테 웬 완벽주의?"라고 말할 친구가 있을지 모르겠습니다.

완벽주의는 합당하지 않은 목표와 기준을 세우는 것을 뜻하는데, 완벽주의에 빠진 사람은 깜짝 놀랄 만큼 대단한 결과를 낳지 않으면 아무것도 아니고 안 한 거나 마찬가지라는 결론을 내리게 됩니다. 결국은 좌절로 이어질 가능성이 높구요. 완벽주의는 자기가 해야 할 일의 분량을 어마어마하게 부풀리면서 기를 확 꺾어 놓습니다. "나는 반드시 ○○대학에 가야 해! 거기 아니면 학교도 아니야." 차근차근 하면 얼마든 해낼 수 있는 일인데도 너무 거대하게 부풀려서 바라보다 보니 시작도 하기 전에 질려 버려서 결국은 아무것도 안 하게 됩니다. 제아무리 엄청난 목표를 세우더라도 내가 오늘 할 수 있는 일은 결국 '늦지 않게 학원에 가기', '졸지 않고 수업 듣기'처럼 쉽고 해 볼 수 있는 일입니다. 그런데 "OO대학에 가야만 한다!" 이 말에 기가 꺾인 뒤 '에잇, 나 같은 게 가긴 어딜 가. 학원에 가 봤자 뭘 해' 같은 생각이 들고 마침내는 무기력감에 빠져서 수업 시간 내내 졸게 됩니다. 베스트셀러 『미움받을 용기』로 알려진 심리학자 아들러는 이야기했습니다. "내게 한계를 만들고 규정짓는 것은 항상 나 자신이다. 실패가 두려워 전력을 다하는 것을 포기하고 스스로를 가둬 버린다. 어떤 문제든 해법은 여기에 있다. 더 용기를 내고 더 협력하는 것."

우리에게 필요한 것은 완벽한 삶의 모습이 아닙니다. 그저 끈질기기만 해도 됩니다. 퓰리처상을 수상한 작가 애니 프루는 이런 이야기를 했어요. "인생에서 가장 중요한 것은 지구력이었다. 오래 버티고 서 있으면 앉을 자리가 생긴다." 오래 버티고 서 있되 멋지고 폼나는 모습으로 버티라고 말하지 않았네요. 그저 그 자리를 지키면 된답니다. 인내심도 없고 지구력도 없다구요? 지금 그 자리를 지키고 있는 것만 하면 됩니다. 미리부터 겁먹고 도망칠 필요가 없다는 뜻이에요. 단 5분이라도 '수업 시간에 경청하기', 즉 수업을 듣는 학생의 자리에 있어 본다면 도피 생활을 하는 게 훨씬 피곤하다는 걸 금방 깨닫게 될 겁니다.

그런다고 무슨 소용이 있냐구요? 1등만 알아주는 더러운 세상인데 내가 나 자신을 소중하게 바라본다고 한들 무슨 의미가 있냐구요? 세상이, 어른들이 우리를 결과로만 평가하려고 한다고 해서 우리까지 덩달아 그럴 수는 없습니다. 왜냐하면 나는 결과로 규정되는 사람이 아닌, 나 자신으로서 가치가 있는 존재이기 때문이죠. 걱정과 불안으로 무기력에 빠진 친구들에게 들려주고 싶은 이야기가 있습니다.

"우리가 하는 걱정의 40퍼센트는 현실에서 절대 일어나지 않을 일이고 30퍼센트는 이미 일어난 일에 대한 것이며 22퍼센트는 무시해도 될 만큼 사소한 것이고 4퍼센트는 사람의 힘으로는 도저히 어쩔 도리가 없는 일에 대한 것이다. 그리고 나머지 4퍼센트만이 우리가 바꿔 놓을 수 있는 일에 대한 것이다."

_어니 젤린스키, 『모르고 사는 즐거움』

내가 지금 걱정하고 있는 것의 거의 절반이 절대 일어나지 않는 일이라는 말이 어떻게 들리나요? 걱정으로 소모하는 에너지를 줄이면 그 줄어든 만큼 긍정적인 에너지가 생겨나 무기력을 몰아낼 수 있어요. 많이 줄이려고 욕심 부리지 않아도 돼요. 그냥 몇 퍼센트만 줄이면 됩니다. 무기력 코끼리를 쫓아내는 데 필요한 에너지는 생각만큼 어마어마하게 크지는 않거든요.

속마음 : 낮은 자존감, 나답게 살지 못하는 것

현경이는 빨리 학교를 졸업하면 좋겠다는 생각뿐입니다. 억지로 학교를 다니고는 있지만, 조금만 말이 통하는 엄마였다면 그냥 자퇴하고 검정고시를 보겠다고 우겼을 겁니다. 현경이는 학교가 정말 싫습니다. 초등학교 때 현경이는 왕따를 당했습니다. 견디다 못 해 전학을 갔지만 그 학교에도 이미 현경이에 대한 소문이 나 있었습니다. 그래서 현경이는 이름도 바꾸었습니다.

현경이는 자신이 사람들과 사귀고 어울릴 수 있을 거란 생각이 잘 안 듭니다. 고등학교 와서는 어찌어찌 친구를 만들기는 했습니다. 친구 사귀는 게 어려운 애들을 위한 프로그램 덕분이었죠. 그렇지만 그 프로그램을 통해 친구를 사귀었다는 것도 창피하고, 아이들이 그런 사실을 알까 봐 매 순간이 괴롭습니다. 그러면서도 아이들이 싫어하면 안 되니까 부탁하면 들어주고, 안 웃겨도 웃어 줍니다. 그런데 현경이가 할 줄 아는 것은 딱 여기까지입니다.

다른 사람과 잘 지내고 어울리는 데는 노력이 필요한 법이죠. 그런데 '애들이 싫어하지 않을 만한 노력' 외에는 아무런 노력도 하지 않으니 주변에 있는 아이들과 진정한 친구가 될 가능성은 자꾸 줄어듭니다. 애들이 다 좋아하는 가수를 좋아한다고 말했지만 그 가수 노래는 아무리 들어도 정이 가지 않습니다. 애들이 수학이 어렵다고 하니까 교과서도 잘 펴 보지 않았습니다. 그런데 정말 수학이 어려운 건지, 좋아하는 과목이 뭔지 잘 모르겠습니다. 내가 누군지, 나는 어떤 사람인지는 더 모르겠습니다. 다만 이것만은 알고 있습니다.

'난 원래 이 모양이야. 그러니까 여태 이렇게 못나게 살았지.'

현경이는 왕따의 상처 때문에 이렇게 되었고, 왕따 당했던 일을 돌이킬 수 없기 때문에 앞으로도 계속 이럴 거란 굳은 확신을 하고 있는 중입니다.

이번에는 드러나는 겉마음이 아닌, 속마음에서 무기력의 원인을 찾아보려고 해요. 사람의 마음에 영향을 미치는 것은 사건 그 자체보다 그 사건을 바라보는 나의 시각이라는 이야기가 어떻게 들

리나요?

어떤 사람에게 교통사고가 일어났다고 상상을 해 봅시다. 실제로 일어난 교통사고 자체보다 더 큰 영향을 미치는 것은 '내 인생을 뒤바꿔 놓은 사고였다' 또는 '그 정도에서 끝나서 다행이다' 같은 그 사건을 바라보는 나의 시각이에요. 이러한 시각들은 어떤 사건뿐만 아니라 내가 나를 바라보는 것에도 적용이 됩니다. 하나 물어볼게요.

"여러분은 자기 자신이 좋은가요?"

순식간에 아뇨, 하고 대답하는 사람들이라면, 못내 자신이 마음에 들지 않는 겁니다. 여기서 한번 생각해 보고 넘어가요. 진짜로 내가 싫은가요, 아니면 싫다는 눈으로 나를 바라보고 있는 걸까요? 좀 더 구체적으로 말해 볼게요. 나는 진짜 못생겼나요? 아니면 못생겼다고 생각하고 있을 뿐인가요?

내가 나를 바라보는 시각은 자존감과 연결됩니다. 자존감(self-esteem)은 '자기 가치에 대한 포괄적 평가 및 판단'(나 정도면 그래도 괜찮은 사람이야)이자 '내가 다른 사람들에게 받아들여질 가능성'(다른 사람들도 날 좋아할 거야)을 말합니다. 내가 보기에 내가 영 별로고, 다른 사람들도 나를 별로라고 볼 거라 생각하는 상태를 '자존감이 낮다'고 표현합니다. 자존감이 낮아서 생길 수 있는 무수한 문제들 가운데 무기력은 대표 주자입니다. 낮은 자존감 때문에 아무것도 못하고 있는 사람은 입버릇처럼 '나 같은 게 뭘'이란 소리를 하지요. '구제불능' 같은 이름을 자신에게 붙여 주는 동안, 가뜩이나 낮았던 자존감은 더 바닥을 치게 됩니다. 말한 대로 된다고 하잖아요. 자기가 잘 해낸 것, 그게 방 청소든 만화 그리기든 간에 그것을 보면서 '이 정도는 누구나 할 텐데, 시간 낭비만 했어' 같은 이야기를 한다면 그 말들은 자신에게 비수같이 꽂히면서 가슴을 아프게 할 겁니다. 방을 청소하거나 만화를 그리는 것은 작은 일일지 모르지만 얼마든지 성취감과 즐거움을 느낄 수 있는 일인데도 '별거 아냐' 같은 평가절하 한 방에 기쁨은 순식간에 날아가고 비난 받은 내 심장은 오그라듭니다.

자존감이 낮은 사람은 자기를 좋아하고 높게 평가하는 사람들을 만나도 위로받기가 힘듭니다. 자신의 '본색이 드러나면' 사람들이 실망해서 떠날 거고, 그때 받을 상처는 지금 받는 상처와 비교도 할 수 없게 크다고 여기기에 그런 이야기를 해 주는 사람과는 친해지려는 시도조차 하지 않습니다. 현경이가 친구 사귀는 데 소극적이었던 장면 기억나죠? 자기를 드러내지 않는 건 상처 입은 현경이 자신을 보호하기 위한 것이지만, 그렇게 움츠러들어 있는 동안에 속으로 중얼거릴 대사들은 금방 상상이 가지요. '역시 나는 엉망이야.'

자신을 망가뜨리는 생각들은 낙담, 피곤, 지루함 같은 감정으로 연결됩니다. 방에 틀어박혀 아무도 만나지 않는 행동들로도 이어지구요. 그 결과 실제로 외톨이가 되는데, 자기가 이 과정에서 했던 일들은 전혀 생각하지 않은 채 이렇게 결론을 내립니다. '그것 봐, 나는 정말 끔찍한 사람이야. 처음부터 그랬어. 역시 나는 쓸모없는 인간이야. 엉망이라구.' 자, 이 생각은 맨 처음에 했던 자신을 망가뜨리는 생각(나는 엉망이야)으로 되돌아갑니다. 이쯤 되면 무한대의 도돌이표 안에 들어 있는 노래처럼, 악순환의 고리가 끝도 없이 돌아가게 됩니다.

그럼 왜 이렇게 자존감이 낮아지는 걸까요? 좀 더 깊이 들어가 봅시다. 자존감이란 자기 가치에 대한 스스로의 평가와 남들이 자기를 받아들일 가능성이라고 이야기했지요. 내가 아무리 나 자신의 가치를 높게 평가하려고 애를 써도, 실제로 남들이 자신을 받아들이지 않는 시간을 뼈아프게 겪었던 사람이라면 자신의 끔찍한 경험을 토대로 '그래, 알아. 나를 받아들일 사람은 아무도 없어'라는 더 좋지 않은 결론에 도달하게 됩니다.

남들이 자신을 받아들이지 않는 대표적인 예가 왕따지요. 우리나라에서 왕따를 경험하게 되는 이유는 무궁무진합니다. 예뻐서 왕따 당하구요, 못생겨서 왕따 당합니다. 공부 못해서 왕따 당하구요, 공부 잘해서 왕따 당합니다. 집이 부자라서 왕따 당하구요, 집이 가난해서 왕따 당합니다. 맞아요. '이래서 왕따 시킨다'는 것은 어디까지나 핑계지요. 그냥 싫은데 이유를 갖다 붙이니, 앞뒤가 안 맞는 수많은 조건들이 왕따와 연결이 됩니다.

한 발짝 떨어진 자리에서 현경이를 바라보면 마음이 짠하지요. 왕따 당했던 시간을 힘들게 빠져나온 것은 그 자체로 의미 있는 일이기 때문입니다. 쉽지 않다는 것도 잘 알구요. 그런데 막상 현경이 입장에서는 스스로가 대단하지 않을 겁니다. 왕따 당했던 사실만 현경이에게 상처를 주는 게 아니라 '나에게 왕따 당할 만한 이유가 있을지도 몰라. 남들은 다 알고 나만 모르는 심각한 문제가 있는 걸지도 몰라. 다른 사람들 눈에만 보이는 혹 같은 게 머리에 붙어 있을지도 몰라' 같은 생각들은 지금 이 순간도 끊임없이 현경이에게 상처를 입히고 있습니다. 아팠던 과거나, 그 과거가 나에게 남긴 현재의 상처라는 파이프를 통해 나의 에너지들은 술술 빠져나가 버립니다. 깊은 상처를 입은 마음이야말로 무기력 코끼리가 무럭무럭 자라나는 토양이 됩니다.

아픔을 겪는 현경이를 보면서, 우리가 무기력해질 수 있는 깊은 속마음의 이유를 정리해 보려고 합니다. 바로 '내가 나 자신으로 살지 못해' 무기력해지는 경우 말이지요. 왕따 같은 실패의 기억들은 낮은 자존감과 연결이 되고, 자존감이 낮은 사람들은 왕따 같은 사건들에 더 큰 상처를 받을 수 있어요. 이 두 가지 이유들이 서로 엮여 있는 것처럼 내가 나 자신으로 살지 못하는 것 역시 낮은 자존감, 왕따 같은 기억과 엮입니다. 다른 사람들에게 거절을 당해 보았던 사람들은 거절에 대한 두려움이 큽니다. 내 머리에 혹이 붙어 있을지도 모른다는 생각은 머리의 혹을 가리려고 하는 행동으로 이어집니다. 존재하지 않는 혹을 어떻게 가리느냐구요? 그러게 말입니다. 애초부터 혹도 없었고, 왕따 당할 이유도 없었는데 말이지요. 이들은 나의 문제들 때문에 거절당한 것이니 다시 또 그런 일을 겪지 않기 위해서는 어떻게든 남들의 기대에 부응하는 모습으로 살아야 한다는 결론에 재빨리 도달해 버립니다. 바닥을 친 자존감 때문에 '나는 참 괜찮은 사람이야' 같은 뿌듯한 생각은 꿈도 꾸지 못하고 남들이 바라는 나, 친구 사귀기 좋은 성격으로 자신을 탈바꿈시킵니다.

가끔은 소극적이고 겁 많던 성격을 확 바꿔 모두에게 환영받는 모습으로 탈바꿈하는 데 성공하는 사람들도 있습니다. 간단한 발표조차 떨면서 하던 사람이 잘나가는 레크리에이션 강사가 되기도 하는 것처럼요. 하지만 모두가 다 이렇게 성격 개조에 성공할 수 있는 건 아닙니다. 그리고 모두가 다 '남들이 멋지다고 하는 성격'으로 변신해야 하는 것도 아닙니다. 어떻게 모든 사람들이 다 '활기차고 사교적이며 친절하고 싹싹할' 수 있겠어요? 비록 마음에 안 들지 모르지만, 나에게는 타고난 성격이 있는 법입니다. 장점도 있고 단점도 있지요. 내가 좋아하는 것들과 싫어하는 것들이 있구요. 그런데 이 모든 모습들 가운데 내가 생각하기에 탐탁지 않은 모습들, 즉 '머리에 난 혹' 같은 면들을 다 빼 버리고 사람들에게 보여 주기로 결심합니다. 그런데요, 그렇게 해서 만들어 낸 내 모습이 진짜 내 모습일까요? 당연히 아니지요! 내가 나로서 살지 못하면 처음에는 그럭저럭 괜찮아 보이지만 가면 갈수록 진짜 내가 누구인지 흐릿해지고, 이렇게 해야만 살아남을 수 있다는 자괴감에 자존감은 더 낮아지게 됩니다.

이렇게 '보여 주는 나'와 '실제 나' 사이의 빈 공간에 무기력 코끼리가 찾아옵니다. 무기력 코끼리가 조금씩 자라나면, 진짜 나는 점점 더 납작해지고, 나는 나를 더 그럴듯하게 포장해야만 합니다. 이걸 과연 언제까지 지속할 수 있을까요? 겉으로 드러나는 나를 괜찮은 척 포장해 보지만 그러는 동안 나는 무기력 코끼리에게 짓밟히고 맙니다.

무기력을 해결하는 열쇠는 내 안에 있습니다. 왕따 당한 기억, 무시당한 기억 같은 것, 사라지면 좋겠지만 참 이상한 게 잊어버리려고 하는 기억일수록 더 또렷해지잖아요. 기억은 없앨 수 없다고 해도 기억을 바라보는 나의 시각은 바꿀 수 있습니다. 자존감도 마찬가지입니다. 어느 날 갑자기 자존감을 불쑥 키울 수는 없지만, 나를 한심하게 꼬아서 바라보던 내 시각을 바꾸는 노력은 해 볼 수 있을 겁니다. 내가 나를 깔보는 동안 자존감은 계속 낮아질 예정이니 이제 나를 바라보는 날카로운 시선을 빨리 거두는 게 좋겠습니다. 익숙하지 않겠지만 다른 사람들이 바라는 모습으로 사는 게 아닌 진짜 나로 사는 시도 역시 해 볼 수 있습니다. 결국 나는 나를 제일 잘 알고 격려해 줄 수 있는 존재입니다. 자, 우리 모두 진짜 나로 살기 위해 '자신을 사랑하는 용기'를 내 보면 좋겠습니다.

주변 환경 : 양육 태도, 먹고 마시는 것

재준이는 주말 내내 잠만 잤습니다. 마침내 엄마에게 가장 듣기 싫은 소리까지 듣고 말았죠.

"네가 신생아야? 하루 종일 어떻게 잠만 자? 밥값 좀 해라. 이 게으른 녀석아!"

욕을 바가지로 먹었더니 잠시 눈이 뜨입니다. 바깥이 깜깜해진 걸 보니 시간이 많이 지나기는 했나 봅니다. 방에 불도 켜지 않은 채로 휴대폰을 켭니다. 다행히 아빠도 인터넷을 쓰시는지, 와이파이 신호가 잡히네요. 지난 중간고사 때 성적이 많이 떨어진 뒤로 부모님은 치사하게 휴대폰을 빼앗는 초강수를 두셨습니다. 그 뒤론 와이파이로 쓸 수 있는 공기계만 겨우 허락받았습니다. 게임에 접속하니 친구들이 이미 다

들어와 있습니다.

"뭐하다 이제 오냐?"

채팅으로 친구가 아는 척을 합니다.

"아까 점심을 너무 많이 먹었나 봐. 졸려서 잤어."

재준이는 아까 집 근처 패스트푸드 가게에서 햄버거랑 콜라를 잔뜩 먹고 들어왔습니다. 어쩌면 엄마 말이 맞을지도 모른다는 생각이 불현 듯 들었습니다.

"넌 어째 맨날 안 좋은 것만 먹고 다니니? 뉴스도 안 봐? 콜라 먹으면 빨리 늙는다잖아."

늙는다는 얘기를 직접 들은 것도 아닌데 벌써 기분이 나빠지려고 합니다. 꿀꿀한 기분을 달래려고 게임에 더 집중을 해 봅니다. 그런데 좀 이상합니다. 현란한 게임 실력을 자랑하는 나인데 어쩐지 손이 맘대로 잘 안 돌아갑니다. 어, 왜 이러지? 하품을 뻑뻑 하면서 휴대폰을 두드려 보는데 그 순간 와이파이가 꺼집니다.

"어, 뭐야?"

"내가 너 그럴 줄 알았다. 하루 종일 잠만 자더니 이젠 게임까지 해? 지겹다, 정말. 언제 정신 차릴 거니?"

잔소리 대마왕의 목소리가 온 집 안에 울립니다. 생각 같아서는 벌떡 일어나서 변명을 하고 싶지만, 온몸에 기운이 하나도 없어서 움직일 수가 없습니다.

'대체 왜 이러지? 죽을병에라도 걸렸나?'

무기력을 일으키는 세 번째 원인은 우리를 둘러싼 환경에서 찾을 수 있습니다. 그럼 가장 가까이에 있는 환경부터 살펴봅시다. 우리가 기분이 안 좋은 심리적인 이유를 꼽을 때 부모님을 엄청 많이 말한다는 것 알고 있나요? 엄마 아빠가 나를 괴롭히기로 작정한 사람들이라는 생각에 사로잡혀 있는 친구들이 있다면 이런 이야기에 신이 날지 모르겠습니다. 모든 무기력증이 다 그런 것은 아니지만, '지나치게 강압적인' 부모님이 키우는 자녀가 무기력해질 가능성이 많다고 합니다.

재준이 어머니는 어떤 것 같나요? 물론 어머니 입장에서 하실 말씀이 매우 많다는 건 잘 알고 있습니다.

"아니, 내가 가만있는 애한테 그러나요? 애가 맨날 시키는 건 안 하고 하지 말란 것만 하고 있으니까 열 받아서 그렇죠!"

재준이 어머니, 잠깐 진정하시구요. 그래도 엄청 자고 먹어 대는 아들을 둔 모든 어머니들이 재준이 어머니와 똑같이 반응하지 않을 수 있다는 것에는 동의하시지요? 마음에 안 드는 이야기겠지만 사실입니다. 강압적인 양육 과정을 지나는 동안 아이들의 마음은 상처를 입기 쉽습니다. 이 상처들이 아물면 좋은데, 아물 만하면 다치고, 또 혼나는 동안에 상처는 자꾸 덧나고, 아이는 마침내 무기력에 빠집니다.

부모님이 시키는 대로 하지 않으면 혼쭐이 날 것을 알고 있는 아이는 뭉기적거리는 데 도가 트게 됩니다. 부모님이 시키는 것을 최대한 늦춰서 하되 아예 안 하는 것은 아님을 보여 주는 신공을 발휘하는 것이지요. 이런 행동은 '소극적인 반항'이라는 별명, 또는 '수동적 공격'이라는 신경정신과 용어로 설명할 수 있는데요. 처음에는 부모님을 골탕 먹이기 위해 하던 행동이 나중에는 아예 습관으로 자리 잡을 수도 있습니다. 어릴 때부터 꾸물거리고 무기력해하던 사람은 어른이 되어서도 그러기 쉽습니다. 더 이상 부모님이 "이렇게 해야지! 그러면 안 되구!!" 같은 이야기들을 하지는 않지만, 내가 나 자신에게 그런 요구들을 쭈루룩 늘어놓은 뒤 정작 실행에 옮겨야 할 시점에 가서는 마냥 미적대면서 나 스스로를 골탕 먹이는 선택을 할 가능성도 있습니다.

강압적인 부모님만 무기력한 자녀를 만들어 낼까요? 아닙니다. 강압적인 학교, 강압적인 사회도 무기력한 학생, 무기력한 시민을 만들기 쉽습니다. 결과만 중요시하는 입시 제도는 무기력의 원인으로 손가락질 받을 수밖에 없지요.

자, 그러면 재준이 이야기로 돌아가 보죠. 재준이의 무기력의 원인은 강압적인 엄마 아빠뿐일까요? 재준이에게는 책임이 없을까요?

가정 안에 강압이라는 스트레스가 있어도 잘 지내는 사람들이 있기 때문에 부모님이 주시는 스트레스로 힘들다는 이야기가 엄살이나 응석으로 취급받고 말 수도 있는데요. 소아과 의사 토머스 보이스는 사람들이 스트레스에 보이는 반응에 따라 난초 같은 사람과 민들레 같은 사람으로 나눌 수 있다고 했습니다. 난초는 아주 까다롭고 예민하다고 하잖아요. 조금만 덥거나 추워도 꽃을 피우지 않습니다. 잘 돌보면 멋진 꽃을 피워 낼 수 있지만요. 반면 민들레는 웬만한 추위나 더위에는 끄덕도 하지 않고, 지치지도 않고 꽃을 피웁니다. 사람도 그래요. 난초과의 친구들은 환경이 잘 받쳐 주면 멋지게 날아오릅니다. 환경에서 얻을 수 있는 것들을 최대로 얻어 내면서 말이죠. 그렇지만 민들레과 친구들은 거친 환경에서도 꽃봉오리를 틔워 냅니다. 자, 재준이는 어떤 쪽에 속한 친구 같은가요? 나는 어느 쪽에 속한 사람일까요? 이렇듯 내가 무기력해지는 데는 부모님뿐만 아니라 나의 성향이나 기질도 연관이 되어 있습니다. 이게 다일까요? 그것도 아닙니다.

한 사람이 먹은 것들이 그 사람을 보여 준다고 이야기하는 학자가 있습니다. 점심에 햄버거와 콜라를 먹은 사람과 된장찌개 백반을 먹은 사람이 다르다는 거죠. 내 몸은 타고나는 부분도 있지만 그것이 전부는 아닙니다. 아까 난초와 민들레 이야기를 했잖아요? 난초에게 물 대신 커피를 준다면 어떨까요? 민들레를 콜라로 키울 수 있을까요? 내가 먹은 음식들은 내가 어떤 사람인지를 예측할 수 있게 해 줄 뿐 아니라 행동과 기분까지 좌지우지합니다.

햄버거 같은 패스트푸드를 먹으면 맛있고, 배는 부르지만 단백질이나 양질의 탄수화물처럼 우리 몸을 건강하고 활기차게 해 줄 성분은 부족합니다. 결국 배는 불러도 영양 결핍 때문에 만성적인 피곤을 느낄 수 있습니다. 특히 청소년기는 급격한 성장이 일어나고 수많은 호르몬의 변화가 일어나는 시기죠. 건강한 식단은 호르몬 균형을 유지하는 데 중요한 역할을 합니다.

필수적인 영양 성분이 부족한 패스트푸드를 주로 먹다 보면 호르몬의 균형이 깨지기 쉬워요. 피곤하고 힘들 때 쉽게 찾는 정제된 당분이 많이 든 음식은 '언 발에 오줌 누기'의 대표적인 예입니다. 발이 얼어서 시리다고 그 위에 소변을 보면 결국 어떻게 될지 그림이 그려지지 않나요? 당분을 지나치게 많이 먹을 때 우리 몸은 어떻게든 혈당 조절을 해 보려고, 췌장에게 더 많은 인슐린을 만들어 내게 하지요. 이때 쏟아져 나온 인슐린 때문에 혈당은 뚝 떨어집니다. 그러면 또다시 당이 필요해집니다. 트랜스지방이 많이 든 음식을 자주 먹으면 지방이 간에 축적되어 간 기능 이상이 나타날 수도 있습니다. 규칙적으로 패스트푸드를 먹는 사람은 패스트푸드를 거의 먹지 않는 사람에 비해 우울증이 생길 확률이 51퍼센트나 높아진다는 연구 결과도 있어요.

우울증 이야기가 나온 김에, 우울증의 중요한 원인 중 하나로 꼽히는 세로토닌 이야기를 잠시 할게요. 세로토닌이라는 신경전달물질은 잠을 자고, 먹고, 기억하는 일에 중요한 역할을 하고 편안한 마음을 유지시켜 준다고 해요. 굉장한 물질이죠. 이 물질의 수치가 떨어지면 짜증이 솟고 화가 치밀거나 우울이나 불안 같은 증상을 경험하기 쉽다고 하죠. 연구에 따르면 세로토닌은 '무엇이 공정한가?'에 대한 느낌을 주관해서, 세로토닌이 많아지면 억울하고 울화 치미는 마음이 가라앉아 활기차고 명랑한 하루를 보내기가 쉬워집니다. 세로토닌의 원재료는 트립토판이라는 물질인데요. 이것이 가득 든 음식으로는 단백질이 많은 음식, 핫초콜릿, 귀리, 요구르트, 달걀 같은 것들이 있어요. 야채와 과일도 적당히 먹으면 혈압이 좋아지고 심장병이나 뇌졸중의 위험이 줄어든답니다. 암도 예방할 수 있고, 시력이 나빠지는 것도 막고, 소화 기능도 좋아지지요.

사실 오늘 내가 먹는 것들이 그 당장에 바로 변화를 일으키지는 않아요. 술 마시면 금방 취하고 커피 마시면 바로 잠이 깬다고 해도 그건 그때뿐입니다. 그렇지만 끊임없이 술을 마시면 뇌가 쪼그라들면서 치매가 생기고, 커피를 적당히 마시면 치매를 예방하고, 너무 많이 마시면 불안증이 생기는 이런 변화들은 길게 보아야만 알 수 있는 것들입니다. 나를 위해 지금 먹어야 할 것들은 무엇일까요? 나의 미래를 위해 지금 먹어선 안 될 것들은 또 무엇일까요? 나를 건

강하게 지키기 위해 해야 할 결단들이 무엇일지 생각해 봤으면 좋겠습니다.

마지막으로, 재준이가 바꿀 수 있는 행동 하나만 더 짚고 넘어가려고 합니다. 게임을 신나게 하는 동안에 스트레스가 풀리는 것 같았을 거예요. 그런데 게임을 하면서 정말 스트레스가 풀렸을까요? 컴퓨터 게임에 대한 연구에서 우리가 '느끼는' 스트레스 말고 우리 몸에서 '측정하는' 스트레스 지수를 확인해 보면, 게임을 하는 동안 스트레스가 풀리는 게 아니라 더 쌓이는 경우들이 있다고 합니다. 전자파 유해 논란의 사실 여부를 떠나서, 컴퓨터나 휴대폰 게임에 몰입하면서 스트레스를 푼다는 것이 실제로 나에게 스트레스를 주는 건 아닌지 스스로 점검해 볼 필요가 있어요. 재미를 위해 잠깐 하는 게임까지 뭐라고 하는 건 아니에요. '중독의 수준에 이르는 게임이라면, 스트레스가 풀리는 게 아니라 더 올라간다는 것, 기억하기로 해요.

어른들이 술 마시는 걸 생각해 보세요. 술 한잔 하면서 스트레스 푼다고 하지만 알코올에 중독된 사람이 마시는 술은 절대 스트레스 해소가 안 되거든요. 게임도 마찬가지입니다. 중독이 되면 잠깐 하는 걸로 만족하지 못하고 온종일 게임에 매이고 이것 자체가 스트레스를 만들어 냅니다.

게임의 중독 여부는 게임을 중단해 보면 알 수 있습니다. 만일 게임을 안 하니까 좀이 쑤시고 불안하고 초조하면서 빨리 다시 게임을 해야겠다는 생각이 든다면 이미 금단 증상을 보일 정도로 의존성이 생긴 겁니다. 게임을 하는 시간이 처음엔 15분, 다음엔 30분, 나중엔 3시간을 해도 모자라다면 역시 의존성이 생긴 상태지요. 중독 한가운데 있으면서 스트레스가 풀릴 거라고 말하는 건 변명일 뿐입니다. 자, 한번 생각해 봅시다. 오늘 나를 스트레스 받게 하는 것들은 무엇이고 그걸 풀려면 어떻게 해야 할까요? 나는 정말 스트레스를 풀 방법을 찾아낸 것일까요? 아니면 자신을 합리화하면서 더 큰 스트레스를 쌓고 있는 걸까요?

경험 : 오랜 시간 계속된 실패의 경험

영주는 힘없이 자기 무릎만 쳐다보고 있습니다. 잠이라도 들었나 얼굴을 들여다봤더니 자는 건 아닙니다.

"영주야, 널 보니까 선생님까지 기운이 빠진다."

"그냥 다 하기 싫어요."

"그래? 뭘 하기 싫은데?"

"몰라요. 그냥 다요."

"전에는 게임 하는 건 좀 재미있다고 했잖아."

"후우~ 게임요? 귀찮아요. 재미없어요."

"그래? 그렇게 귀찮고 재미가 없어서 어떻게 사냐? 재미가 있어도 살기가 팍팍한 세상인데."

"어떻게 살지 생각 안 해요. 생각한다고 되는 것도 아닌데요, 뭘."

"아고. 무슨 생각을 했는데, 뭐가 안 되는 건지 이야기해 줄 수 있어?"

"몰라요. 병원 오기도 귀찮아요. 선생님 말씀에 대답하기도 힘들구요. 저, 그냥 집에 가면 안 돼요?"

에너지가 흘러넘쳐야 할 십대 소녀 영주에게 대체 무슨 일이 벌어진 걸까요? 영주 엄마 이야기를 들어 보면 초등학교 다닐 때까지만 해도 영주는 "이거 하고 싶다, 저런 사람이 되고 싶다" 눈을 반짝이며 이야기하던 평범한 어린이였다고 합니다. 지금 진료실 의자에 앉아 땅바닥만 내려다보며 한숨을 푸욱 내쉬는 영주를 봐서는 도저히 그 모습이 상상이 가지 않습니다.

지금부터는 오랜 시간 계속된 실패의 경험이 만드는 무기력에 대해 살펴볼 거예요.

혹시 '학습된 무기력'에 대해 들어 본 적 있나요?

'학습된 무기력'(learned helplessness)은 강아지들을 대상으로 한 실험에서 비롯된 이론입니다. 무기력을 배울(학습) 수 있다니 좀 이상한가요? 무얼 해도 피할 수 없는 전기 충격에 실험용 개들을 노출시킬 때 이 불쌍한 개들이 탈출을 포기해 버린다는 게 이론의 요지입니다. 처음에는 전기 자극 때문에 놀란 개들이 끙끙거리면서 도망칠

길을 찾지만, 어떻게 해도 벗어날 수 없다는 걸 알게 되면 개들은 도망치기를 포기해 버립니다. 전기 충격이 계속되면 개들은 무기력해지고 모든 자극에 무관심해지는 지경에 이릅니다. 무얼 하더라도 이 고통으로부터 벗어날 수 없을 거란 생각을 하게 되는 거죠. 결국 개들은 전기가 통하는 바닥에 늘어진 채 도망칠 생각 자체를 안 하게 됩니다. 엄청 괴롭고 아픈데 아무것도 바꿀 수 없다는 무기력감은 마음속 깊이 학습이 되어 이후에 어떤 상황에 놓이든 무기력으로 반응하게 된다고 합니다.

실험 대상이 된 강아지들은 우울증에 걸린 사람과 아주 비슷합니다. 심각한 우울증에 빠진 사람들은 자기가 좋아질 거란 생각을 전혀 못 하고, 좋아지고 싶다는 생각조차 하지 못합니다. 강아지들 역시 자기가 여기서 벗어날 거다, 벗어나고 싶다는 생각조차 못하게 됩니다. 전기 충격을 받을 때 피하려는 시도조차 하지 않는 걸 보면 알 수 있습니다. 우울증에 빠진 사람들은 나중엔 자신의 우울한 감정에 대해서도 무감각해집니다. 마치 강아지들이 전기 충격에 더 이상 놀라는 반응을 보이지 않은 채 늘어져 있는 것처럼요. 무기력은 우울증으로 가기 전의 증상으로 나타나는 경우가 많기 때문에, 우울증을 무기력증으로 바꾸어도 말이 됩니다.

"무기력증에 빠진 사람들은 자기가 좋아질 거란 생각도, 좋아지고 싶다는 생각도 하지 못합니다. 나중엔 자기가 무기력하게 느끼는 것에 대해서도 무감각해집니다."

학습된 무기력을 설명하는 미국 정신과학 교과서의 한 토막을 소개합니다.

"학교에서 자기가 무엇을 하든 잘 못 해내고 실패할 것임을 학습한 학생들은 자신을 무기력한 루저(loser)로 보게 된다. 이러한 자기 개념은 모든 시도를 중단하게 만든다."

학교에서 잘 못한다는 느낌이 뼈아프게 박히는 건 우리나라 이야기만은 아닌가 봅니다. 유니세프 행복지수를 모델로 한 2014년 어린이·청소년 행복지수 조사를 보면, 우리나라는 건강과 위험 행위를 측정하는 '행동과 생활양식'에서 최상위 점수를 기록했고 다섯 개 영역에서는 중·상위권을 유지했습니다. 그런데 주관적 행복지수에서는 꼴찌를 기록했다고 합니다. 이 글을 읽는 친구들은 아마 고개를 끄덕거릴 겁니다.

유니세프 행복지수는 '물질적 행복', '보건과 안전', '교육', '가족과 친구관계', '행동과 생활양식', '주관적 행복' 여섯 가지 영역으로 구성됩니다. 주관적 행복 지수는 학생들에게 직접 얼마나 행복한지를 묻는 것으로, 자신이 얼마나 건강하다고 느끼는지, 학교에 대한 만족도는 어떤지, 삶의 만족도는 어떤지, 소속감을 느끼는지, 친구들과 잘 어울리는지, 외롭지 않은지 같은 내용이 들어 있습니다. 해마다 점수가 꾸준히 올라가는 건 그나마 다행이지만, 아직까지는 OECD 국가 가운데 가장 낮은 점수를 기록하고 있습니다. 아이들의 주관적 행복감은 학년이 높아질수록, 성적과 가정 경제 수준이 낮을수록 뚝뚝 떨어졌습니다.

혹시 "그럼 행복할 때는 없는 거야?"라고 질문하고 싶지 않나요? 저도 그게 궁금했습니다. 보고서에는 이에 대한 목소리도 담겨 있더군요. "좋아하는 일을 실컷 할 수 있을 때, 친구들과 사이좋게 지낼 때" 행복하다는 응답이 70퍼센트 이상을 차지했다고 합니다. 반대로 행복하지 않은 때는 "성적에 대한 압박이나 학습 부담이 너무 클 때"라는 응답이 44퍼센트였습니다. 성적이 좋을 때 행복을 느낀다는 응답은 11.9퍼센트에 불과했다는 점과, 아이들이 실컷 하고 싶은 '좋아하는 일'에 공부가 들어갈 가능성이 별로 없다는 점을 생각할 때 어른들이 주장하는 '공부 잘하면 행복한 거지!'는 아이들에게는 오답 내지 기타 정답 정도로만 보일 것 같습니다.

학습된 무기력에 빠진 사람은 동기, 인지, 정서라는 세 가지 측면에서 심각한 손상을 입습니다. 동기를 쉽게 설명하면 '하면 된다! 할 수 있다!'고 여기는 마음입니다. 그런데 동기가 손상되면? '해도 안 돼. 할 수 없어'라고 생각할 겁니다. 인지는 배우고 공부하는 지적인 능력을 말합니다. '궁금하다, 알아봐야지!'라는 마음이 드는 겁니다.

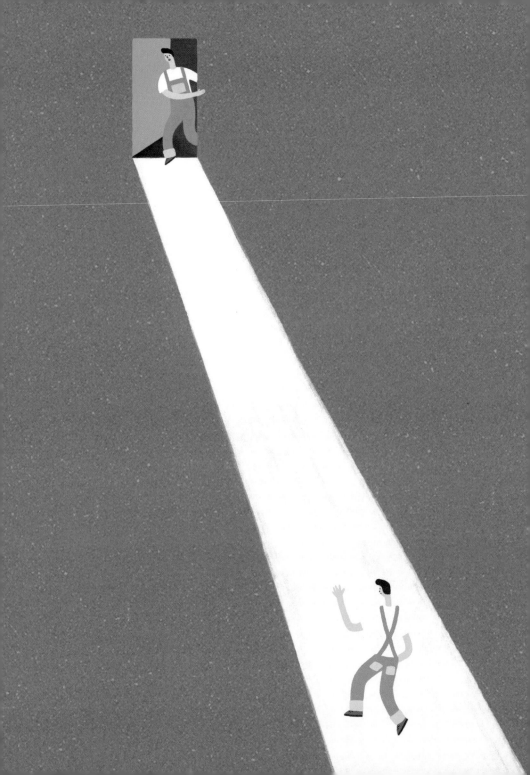

인지가 손상된 사람은 '몰라, 관심 없어, 알고 싶지 않아'라는 생각이 들겠죠. 마지막으로 정서는 감정과 느낌을 뜻합니다. '나는 나 자신에 대해 기분 좋은 느낌이 드는걸. 펄쩍 뛰도록 행복한 건 아니지만 나는 나에게 만족해'라고 생각하던 사람이 정서에 손상을 입으면 '난 내가 싫어. 정말 불행해. 나는 아무것도 아니야. 너무 힘들고 아프다구'라고 부정적인 생각을 하게 되는 것입니다.

학습된 무기력 이론을 정립한 심리학 박사 셀리그만의 '무기력 3 단계'에 대해 얘기해 볼게요.

1단계 : 전기 충격과 같은 부정적 사건 앞에서 아무리 노력해도 결과가 달라지지 않음을 알게 되는 단계

2단계 : 부정적 사건이라는 상황과 고통을 참아 내는 동안, 앞으로도 자신의 노력이 결과에 영향을 줄 수 없다는 판단을 내리며 무기력을 학습하는 단계

3단계 : 다른 상황에 놓여도 학습한 무기력에 영향을 받아 어떠한 시도도 하지 않는 단계

이 논리를 무기력 코끼리라는, 거대한 무게감과 연결해서 생각해

보면 이렇습니다. 앞에서 나왔던 영주는 아마도 무기력 1단계를 아무런 준비 없이 맞닥뜨린 것 같습니다.

"속상한 일이 있었는데 아무리 노력해도 달라지지 않았어요."

이게 한 번으로 끝난 게 아니라 아마도 지겨울 정도로 자주 경험했을 겁니다. 그다음에는 무기력 2단계로 넘어갔을 거구요.

"제가 할 수 있는 건 그냥 참는 것밖에 없었어요. 아무리 노력해 봐도 달라지지 않는 걸 보면서, 제가 뭘 하든 달라지지 않을 거라는 사실을 깊이 깨달았어요."

전기 자극이 계속되는 바닥에 벌렁 누워 버린 강아지처럼, 영주는 자기 삶의 바닥에 벌렁 누워 버리고 말았습니다. 이제 무기력 3단계로 들어갑니다.

"그게 학교, 집, 친구한테만 국한된 일이라고 생각하지 않아요. 세상 사는 게 다 그럴 거란 결론을 내렸는걸요. 제가 어른이 되든, 학교를 졸업하든, 언제 어디서 무얼 하든 그냥 다 의미없다는 생각밖에 안 들어요. 세상을 밝고 아름답게 보라고 말하지 마세요. 그 말도 지겨워요. 그냥 가만히 있을래요. 일어나려는 노력 자체가 힘들다구요."

한두 번 실패하는 경험을 했다고 해서 무기력을 학습하게 되지는 않을 겁니다. 전기 충격을 받은 강아지들이 첫 충격에 나가떨어지지 않는 것처럼요. 그럼 실패를 얼마나 많이 겪어야 무기력증에 빠지게 될까요? 어떤 경험이 쌓이면 스스로를 루저이자 실패자로 보면서 무기력 코끼리에게 자신을 짓밟도록 내맡기게 될까요? 그 이유를 찾기 위해 초파리를 대상으로 실험한 과학자가 있었으니 마르틴 하이젠베르크입니다. 그가 내린 결론입니다. "모든 인간에게는 끝없이 계속 시도하지 않도록 하는 비상 스위치가 필요하다. 이런 자신만의 비상 스위치가 인간을 구한다. 그러나 그 스위치는 위험 요소를 내포하고 있다. 이 비상 스위치로 인해 우울증이 생길 수도 있기 때문이다."

한 번 실패했다고 해서 그만두면 안 됩니다. 적어도 몇 번은 해 봐야 하지요. 대입 시험을 한 번에 통과하면 좋겠지만 그게 안 되면 재수를 하는 사람들이 있는 것처럼요. 재수를 해서 다음 해에 원하는 학교에 입학할 수 있다면 다행입니다. 그런데 안 되면 어떻게 할까요, 포기할까요? 여기서부터는 사람과 환경에 따라 대답이 달라집니다. 누군가는 "아쉬움이 남지 않을 정도로 시험을 쳐 볼 거야!"라고 할 것이고, 누군가는 "이만하면 됐어. 마음을 접고 다른 길을 찾는 게 낫겠어"라고 할 겁니다.

그런데 말이죠. 만일 계속 실패하는데도 끊임없이 시도를 한다면 어떨까요? 스물아홉, 서른이 될 때까지 수능만 준비하고 있다면요? 친구를 사귀거나, 직업을 구할 때 계속 실패만 하는데도 '불굴의 투지'로 끊임없이 시도하고 있다면 어떨까요? 아마도 그 사람은 거기에서 더 이상 한 발짝도 나아가지 못하고 자신의 실패－재시도－또 실패－또 재시도의 블랙홀에 빠진 채 세월만 흘려보내게 될 겁니다.

하이젠베르크 박사는 이렇게 되는 걸 막기 위한 자동 멈춤 스위치가 우리 안에 있다고 합니다. 몇 번 해 보고 안 되면 손 털고 일어나도록 돕는 게 이 스위치의 역할이죠.

그런데 만일 이 스위치가 엉뚱한 순간에 엉뚱한 방식으로 작동해 버린다면, 무기력의 원인이 될 수 있습니다. 이 스위치는 자동차의 브레이크와 비슷한 역할을 합니다. 급할 때 브레이크를 밟으면 자동차가 멈추면서 사람이나 장애물을 피하고 보호하잖아요. 그런데 만일 브레이크가 고장 나서 아무 데서나 멈춘다면요? 그러면 그 차는 운전 자체가 불가능합니다. 사람의 마음도 비슷해요. 몇번 실패를 반복했더라도 아직 '충분히' 노력해 본 게 아닌 상황에서 멈춤 프로그램이 작동되면 우리는 더 이상 앞으로 나가지 못하고 그 자리에 우뚝 멈춰 서게 됩니다. 친구를 사귀려고 여러 번 시도하다가 번번이 잘 안 되면, 이성 친구를 사귀는 건 또 다른 영역임에도 불구하고 포기한 채 브레이크를 꽉 밟아 버립니다. "친구도 못 사귀는 내가 이성교제를 어떻게 해." 이렇게 중얼거리면서 말이죠.

이렇게 오랜 시간 멈춰 있다 보면, 나중에는 이게 자동차인지, 아니면 고철 덩어리인지 알 수 없을 정도로 녹슬고 망가져서 자리만 차지하고 있게 되기 쉽습니다. 뿌리 깊이 무기력을 학습하게 된 결과일 텐데요. 세 살 버릇이 여든까지 간다고 하던데, 이렇게 습관처럼 자리 잡은 학습된 무기력은 해결할 방법이 없는 걸까요? 결론부터 얘기하면 희망은 분명 있어요. 희망이 없다면 여기까지 설명할 필요조차 없었겠지요.

사람이 무기력을 학습하는 것은 자극 그 자체 때문이 아닙니다. 그보다는 그 자극을 스스로 통제할 수 없다는 생각 때문에 무기력을 학습하는 거예요. 자기 노력이 부족해서 실패했다고 생각하는 사람보다 상황 때문에 실패했다고 생각하는 사람들이 무기력에 빠지기 쉬운 것도 이와 연결되는 이야기입니다. 친구를 사귀는 데 실패했다고 모두 무기력증에 빠지는 건 아니잖아요? '내 힘으로는 친구를 사귈 수가 없어'라는 생각을 하기 전까지는 무기력 코끼리가 틈탈 가능성이 그렇게 높지 않답니다. 물론 속은 좀 상하겠지만요. 대학 진학에 실패했다고 모든 사람이 심각한 무기력증에 빠지는 것도 아니지요. '나는 어떻게 해도 대학에 갈 수 없어'라는 생각을 해야만 무기력증에 빠지게 되는 거예요. 한창 힘든 순간에는 이런 말들이 꽤나 그럴듯하게 들릴지 모릅니다. 그렇지만 한발짝 물러서서 가만히 생각해 보세요. 저 말들이 '진실'인지 말이에요.

친구를 사귀는 게 쉬운 사람도 있고 어려운 사람도 있지만, 친구를 사귈 힘이 아예 없는 사람은 없습니다. 나중에 돌아보면 나에게 친구 사귈 능력이 없어서 잘 안 된 게 아니라 내 주변에 친구가 될 만한 좋은 사람들이 없어서일 수도 있구요. 대학 진학도 마찬가지입니다. 실패한 것만 생각하며 마음이 무너지기보다, 나에게 더 적합한 환경, 즉 다른 진로나 다른 학교, 심지어는 전혀 새로운 환경을 찾아보는 것이 무기력한 나를 일으키는 작은 움직임이 될 수도 있습니다. 잠깐, 앞에서는 환경 탓을 하면 오히려 무기력에 빠진다고 했는데, 여기서는 환경을 탓하라는 얘기처럼 들리나요? 여기서 중요한 건 '너무'와 '탓'입니다. 실제로 환경의 문제인지, 나의 문제인지는 아주 중요한 게 아닐 수도 있어요. 단지 어느 한쪽만 너무 탓할 때 문제가 되는 거죠. 균형을 잡는 게 중요합니다.

노력한 것에 비해 성취한 게 없는 것 같아서 무기력해졌나요? 자꾸 넘어지다 보니 아예 넘어진 그 자리에서 엎어진 채로 뒹굴거리고 있나요? 힘들고 기운 빠져서 그렇다는 거 충분히 이해해요. 그렇지만 아직 끝은 아닙니다. 잠깐 쉬고 나면 일어날 수 있어요. 그러니 '난 이제 끝났어'라는 생각은 꺼 놓고, 잠깐 눈 붙이고 일어나 다음 장으로 넘어가 보자구요.

3부

무기력 코끼리와
헤어지는
10가지 방법

소중한 내 친구 지현아,

요새 네가 너무 기운이 없어 보여서 어떻게 하면 너에게 조금이라도 도움을 줄 수 있을까 하다가 이렇게 편지를 써.

혹시 너한테 무슨 힘든 일이 있나 해서 정말 걱정이 돼. 무슨 일이 있어서 그 얘기를 하고 싶다면 나는 언제든 들을 준비가 되어 있다는 거 꼭 기억해 줘. 나한테 말해. 내가 다 들어 줄게. 기운 냈음 좋겠어.

너도 알다시피 나도 무기력한 시간이 꽤 길었어. 그런데 지금은 그때보단 많이 좋아진 것 같아. 한창 힘들 때는 영원히 그렇게 살게 될 줄 알고 끔찍했는데, 시간이 가니까 달라지더라고. 어른들이 '시간이 약'이라고 말하는 게 어떤 뜻인지 이해가 좀 가더라. 그런데 지금 편지를 쓰면서 다시 돌아보니 그냥 시간이 간다고 좋아진 건 아니었던 것 같아. 뭔가 결심을 했던 기억이 나. 그렇게 하는 동안 삶에 대한 나의 태도 자체가 바뀌는 계기가 되었던 것 같아. 별 생각 없이 시작했지만 의외로 도움이 됐던 취미, 잘 알지? 그런데 그 취미 자체가 도움이 되었다기 보단 뭐라도 한 것, 움직이기 시작한 게 도움이 되었던 게 아닐까 싶어. 그리고 친구들의 응원도 힘이 됐어. 그 기억 때문에, 특히 네가 나한테 해 주었던 응원들이 고마워서 이렇게 편지를 쓰고 있는 거기도 해.

지현아, 나는 네가 너 자신을 위해 시간을 더 많이 보냈으면 좋겠어. 네가 너무 착하고 천사표라서 지칠 때가 많겠다는 생각도 들거든. 그리고 작은 거라도 좋으니까 성취감을 맛보는 경험도 꼭 해 봤음 좋겠어. 나는 한 달만 매일 일기를 쓰자고 결심했었거든? 한 달을 꼭 채우고 매일 기록한 일기장을 하나씩 넘겨 보던 날 그렇게 뿌듯할 수가 없더라. 어디서 들었는데 목표를 세우면 사는 데 힘이 덜 든대. 공부하는 건 힘들지만 대학에 가고 내가 하고 싶은 일을 하겠다는 목표를 세우면 힘이 조금이나마 덜 들 거라는 이야기에 공감이 많이 됐어. 네가 정말 하고 싶은 일을 찾아서 목표를 세워 보면 좋겠어. 하고 싶은 일이 생각 안 나면 네가 원래 좋아하던 게 뭐였나 떠올려 봐. 지금 잠깐 쉬어 가는 건 괜찮지만 빨리 털고 일어날수록 좋아. 제일 외롭고 힘든 그 순간에도 내가 항상 네 편인 거 잊지 마.

참 그리고, 말로만 응원하지 않기 위해서 하는 약속! 기대되지?

내가 맛있는 거 사 줄게. 다음 달 용돈 가불해서라도 네가 먹고 싶은 맛난 걸로 쏠게. 음, 다이어트 해야 해서 먹는 거 싫다고? 그러면 놀러라도 가자. PC방에라도 같이 가든가. 네가 좋아하는 일을 하면서 함께 시간을 보낼 수 있다면 뭐라도 좋겠어. 그러니까 지현아, 꼭 기운 내자!

마지막으로 한마디 덧붙일게. 너는 잘 모를지도 모르지만, 내가 보기에 너는 항상 반짝반짝 빛나는 사람이고, 내가 알고 있는 너는 정말 많은 것을 해낼 수 있는 사람이야. 그걸 잊지 않으면 좋겠어. 내일 보자. 안뇽!

자, 제일 중요한 이야기를 할 순간이 다가왔습니다. 이때까지 무기력에 대해 배웠으니 무기력에서 벗어나는 방법을 배울 차례입니다. 어렸을 때 보았던 만화책에서, 하늘을 걷는 방법을 설명하는 장면이 기억나네요. 한쪽 발을 공중에 딛고, 그 발이 떨어지기 전에 다음 발을 위로 올려놓고, 그 발이 또 떨어지기 전에 반대쪽 발을 또 위로 딛고 이렇게 하면 하늘을 향해 씩씩하게 걸어갈 수 있어요. 하하하~

무기력 코끼리를 떠나보내는 것 역시 이렇게 '한쪽 발이 떨어지기 전에 다음 발을 위로'처럼 들릴까 봐 약간 걱정이 되지만, 안심해도 될 만한 이야기를 먼저 해 볼게요. 무기력 코끼리를 나에게서 밀어내는 것은 분명히 가능합니다. 실제로 해낸 친구들이 수없이 많답니다. 아, 물론 쉽게 된 사람은 별로 없어요. 모두들 자기가 할 수 있는 노력을 했지요. 노력해서 될 수 있다는 건 그 자체만으로도 엄청난 가능성의 문을 여는 것과 같아요. 그러니 우리도 무기력 코끼리 다루기 과정에 발을 들여놓기로 합시다.

무기력에서 탈출하기로 결심했다면 꼭 기억해야 할 게 있습니다.

"무기력에서 벗어나는 것은 자기 자신과 마주 서는 것으로부터 시작된다."

주변을 아무리 둘러봐도 도저히 벗어날 방법이 없다는 생각이 들 때, 마음속에 품고 있던 비밀 열쇠를 기억해 내는 거예요. 영화 속에서 본 적 있죠? 악당이 우리의 영웅을 가두고 음험하게 웃으면서 영웅을 해치우려고 할 때, 외부에서 구조대가 투입될 때까지는 시간이 너무 오래 걸리고, 우리의 영웅은 무기도 없고 가진 것도 없어 보이고, 그렇게 애가 타들어 가는 것 같지만! 영웅은 자기가 갖고 있던 아주 작은 도구들, 혹은 기술을 사용해서 위기에서 빠져나오죠. 무기력 탈출도 마찬가지예요. 작가 겸 편집자인 하인츠 쾨르너는 "어떤 삶을 만들어 갈 것인가는 전적으로 나 자신에게 달렸다. 필요한 해답은 모두 내 안에 있다"고 했어요. 정말 맞는 말이에요. 나는 무기력에서 빠져나올 것이고, 짓눌려 있던 어깨를 쫙 펴고 일어선 내가 어떤 삶을 살지는 나에게 달렸어요. 환경이나 다른 사람이 아니라!

자, 그러면 나에게 있는 힘들이 과연 무엇인지, 어떻게 무기력의 늪에서 빠져나올 것인지 알아보기로 해요. 여기 피곤하고 긴긴 하루를 보내고 곯아떨어졌던 친구가 아침에 일어나는 과정을 지켜볼까요? 난데없이 다른 사람이 아침에 일어나는 장면을 왜 엿보느냐구요? 그건 이 친구가 잠에서 깨어나는 과정이 우리가 무기력에서 벗어나는 과정과 닮아 있기 때문이에요.

정신없이 자고 있던 진솔이는 학교 가는 꿈을 꾸다가 문득 깨닫습니다.

① '아, 이건 꿈이구나! 나 자고 있었구나! 이제 일어나야겠다.'

② 일어나기로 결심하는 순간 눈이 떠지고 익숙한 자기 방이라는 걸 알게 되죠.

가까스로 눈은 떠졌지만 이불의 포근함이 너무 좋아서 빈둥댑니다. 머릿속 한쪽 편에서는 "일어나, 지금 안 일어나면 지각이야!" 하는 소리가 들려오는데, "아, 내 침대가 이렇게 편안할 수가!" 하는 반대편의 달콤한 목소리를 무시하기란 여간 힘든 일이 아니네요. 나를 깨우기로 작정한 뇌는 드디어 ③ 달콤한 목표를 보여 줍니다.

"얼른 학교에 가서 친구랑 어제 본 드라마 이야기 해야지!"

친구랑 이야기해야겠다는 목표가 생기니 축 늘어진 양말 같던 몸에 조금 힘이 붙네요.

'어제 반전이 대박이었어.'

어제 본 드라마를 생각하니 큭큭 웃음도 배어 나옵니다. 그래도 몸이 말을 안 듣고 계속 꾀를 부리고 있네요. 그때 체육 시간에 배웠던 스트레칭이 갑자기 떠오릅니다.

"과일 따기 스트레칭? 에이 유치하다!"

아이들의 비아냥에도 불구하고 바닥에 쭈그리고 앉아서 과일을 줍다가, 벌떡 일어나서 머리 위 나뭇가지에 매달린 과일을 따는 시늉을 하던 체육 선생님의 모습을 떠올리며 천장에 매달린 상상의 과일을 따려고 점프를 합니다. ④ 뭐라도 하니까 잠이 달아나는 게 느껴지는군요.

자, 이렇게 침대 탈출에는 성공을 했습니다. 이번엔 약간 귀찮은 세수 단계로 들어가네요. 조금이라도 기분 좋게 학교 갈 준비를 하기 위해, ⑤ 오늘 무슨 재미있는 일이 있을까 궁리하며 세수를 합니다. '오늘 급식 반찬이 뭘까? 학교 마치고 학원 갈 때까지 남는 시간에 PC방 가는 거 허락 받으면 게임 한판 해야지! 학원 선생님한테 재미있는 이야기 해달라고 졸라 봐야겠다. 저녁에 집에 올 때는 오빠들 신곡 들어야지. 앗, 그러고 보니 오늘은 아빠한테 용돈 받는 날!' 콧노래가 다 나옵니다.

⑥ "나는 오늘 어두운 면보다는 밝은 면을 볼 거야!"

화장실 거울을 보면서 자기 선언을 해 봅니다. 처음엔 오글거렸는데 이젠 자연스럽게 하게 됩니다. 이렇게 하루를 시작하는 자신이 스스로도 대견스러워 빙긋 웃습니다.

⑦ "참 감사하지, 힘차게 하루를 시작할 수 있다니."

오늘도 나름대로 바쁘고 힘든 일들이 기다리고 있겠지요. 날마다 즐겁고 행복할 수는 없으니까요. 그렇지만 나름 대처 방법이 준비되어 있습니다. ⑧ 힘들면 힘들다고 말하고 혼자 못 하겠으면 도와 달라고 말할 참입니다. 나 혼자를 위해서라면 어렵겠지만, 내가 힘내는 걸 보니 자기도 힘이 난다고 한 친구를 생각하면 얼마든 해낼 수 있을 것 같습니다.

"친구 좋다는 게 뭐냐, ⑨ 너를 도와줄 수 있다는 게 난 좋다."

다녀오겠습니다, 하고 집을 나서는데 오늘 저녁 돌아와 푹 쉴 수 있는 시간과 공간이 있다는 게 얼마나 좋은가 하는 생각이 들었습니다.

"그래, 어제 너무 늦게 자서 아침에 일어나는 게 더 힘들었어. ⑩ 오늘 밤에는 빨리 자야지."

진솔이가 잠에서 깨어나 하루를 보내는 과정은 크게 네 단계로 나누어 볼 수 있습니다.

- 일어난 줄 알았는데 아직도 자고 있었구나, 꿈인 것을 알고 일어
  나기로 결심하기
- 가라앉은 기분을 끌어올리기 위해 뭐라도 하기, 특히 재미와 즐
  거움 찾기!
- 하루를 잘 살기 위해 감사하고 계획하며 도움 주고받기
- 제대로 쉬기

무기력 코끼리에서 벗어나는 과정 역시 크게 네 단계로 나누어
볼 수 있습니다.

<u>무기력 코끼리 발견하기</u> : 내 삶 한가운데 무기력 코끼리가 있었구
나! 내가 무기력했다는 것을 깨닫고, 벗어나기로 결심하고 목표 세
우기

<u>무기력 코끼리 다루기</u> : 무기력 코끼리를 몰아낼 수 있을 만한 삶
의 재밋거리를 찾으면서 뭐라도 시작하기

<u>무기력 코끼리와 이별하기</u> : 미련 없이 무기력 코끼리를 떠나보내
고, 나에게 필요한 힘을 채우는 노력하기

무기력 코끼리 흔적 정리하기 : 무기력 코끼리 때문에 어질러진 마음 정리하기, 쉼으로 마무리하기

자, 그러면 실제로 어떻게 무기력 코끼리와 이별할 수 있는지, 한 단계씩 천천히 따라가 보기로 해요!

무기력 코끼리 발견하기

1단계 ▶ 내가 지금 얼마나 무기력한지 깨닫기

첫 단추를 끼우는 게 중요하다는 말, 많이 들어 봤죠? 무기력 탈출의 첫 단계는 내가 무기력하다는 걸 깨닫는 것에서 시작합니다. 의학 용어 가운데 병식(病識, insight)이라는 게 있어요. 내가 아프다는 걸 인정하고 받아들이는 단계를 말하죠.

1단계의 병식에서는 아프다는 것 자체를 부정합니다. 2단계가 되면 자기가 아프다는 걸 인정하고 도움이 필요하다는 생각도 하지만 가끔은 아프다는 생각을 안 하기도 하죠. 3단계의 병식이라면 아프다는 건 인정하지만 다른 사람이나 환경 탓을 하구요. 4단계에는 가야 자기가 아프다는 걸 받아들입니다. 하지만 이 단계에서도 '가슴으로' 받아들이는 건 안 되고, '머리로만' 받아들이는 정도에 그칩니다. 마지막 5단계에서야 비로소 자신이 정말 아프고 좋아지기 위해서 할 수 있는 노력을 다하겠다는 '진심 어린(가슴의)' 이야기가 나오게 됩니다.

내가 아프다는 걸 알아야 나을 수 있는 법이에요. 내가 무기력하다는 걸 이제 그만 인정하세요.

어떤 친구들은 자기가 무기력하다는 걸 인정하면 세상이 다 끝나기라도 하는 것처럼 반응합니다. 하지만 누구에게나 무기력은 숨어 있을 수 있어요. 마치 우리 안에 생명과 죽음이 깃들어 있는 것처럼요. 우리 안에 있는 무기력이 기승을 부리는 일은 누구에게나 얼마든지 생길 수 있어요.

이 이야기는 무기력이라는 문제를 장애물로 보라는 뜻이 아닙니다. 오히려 이제껏 발견하지 못한 기회로 생각하라는 뜻을 담고 있습니다. 만일 내가 오랫동안 힘들게 살고 있었는데 무기력이 문제라는 걸 알게 되었다면? 무기력이라는 장애물에 걸려 넘어지는 것이 내 운명이 아니라는 것도 알게 될 거예요. '아, 내가 이런 게 무기력 때문이었어? 나만 그런 줄 알았는데 다들 그렇구나! 그리고 그걸 다루는 방법이 있다고? 쉽지는 않아도 빠져나올 수 있단 말이지?' 이렇게 생각할 수 있다는 거죠.

사람은 쉽게 달라지지 않아요. 그렇지만 변화가 불가능한 건 아

닙니다. 무기력한 사람은 쉽게 달라지지 않지만 무기력을 벗어 버리는 게 불가능한 건 아니라는 뜻입니다. 무기력의 정체를 정확히 알고 잘 다루면 우리 안에 있는 기력(에너지)을 끌어올릴 수 있게 됩니다. 자신을 들여다보는 용기와 변하겠다는 의지가 있으면 가능해요. 자기를 들여다보는 것에는 용기가 필요합니다. 대충 자신을 들여다보는 것에는 용기가 필요하지 않지만, 나의 연약함과 무기력함을 정면으로 바라보는 것에는 상당한 용기가 필요하죠. 용기를 낸다는 것 역시 쉬운 일이 아닙니다. 하지만 그거 아세요? 회피하는데 훨씬 더 많은 힘이 든다는 사실을요.

뼈아프게 들릴지 모르지만 무기력에는 내 책임도 있습니다. 아, 알아요. 다른 누군가 때문에, 혹은 견디기 어려운 환경 때문이라고 생각하고 싶은 마음이 당연히 들 거예요. 하긴, 그렇게 생각해서 안 될 이유는 없죠. 오죽하면 아까 병식 단계 중에 '3단계'나 되는데도 이렇게 말하는 사람들이 있으니까요. "그래, 나 아프다. 근데 이건 엄마, 선생님, 아빠, 환경오염, 썩어 빠진 교육 제도, 사회, 가난 때문이라고." 그렇지만 남 탓 혹은 환경 탓을 하는 동안에는 내가 달라질 가능성이 제로에 가까워요.

정신건강의학과 의사 데이비드 번즈는 말합니다. "남 탓은 아주 강력한 저항 요소다. 남 탓은 핵폭탄에 비견할 만큼 강력해서 그 앞길을 방해하는 모든 것을 산산이 부숴 버린다. 자신이 겪는 문제를 상대방 탓으로 돌리는 사람들을 도울 수 있는 방법이란 없다." 그러니 아프다 하더라도 나의 책임을 인정해 보면 좋겠습니다.

무기력한 나를 받아들이는 게 자신의 이미지에 심각한 타격을 입히는 것 같아서 두려운 친구라면, 이것이 자라 가는 과정이자 성숙해 가는 과정이라고 생각해 보면 어떨까요? 아주 어린 꼬마 때라면 친구를 사귀면 평생 갈 줄 알고, 선물을 받으면 평생 쓸 줄 알지요. 나는 아프거나 죽지도 않는다는 생각이 초등학교 들어가기 전까지 우리들이 했던 생각입니다. 그렇지만 사는 게 어디 그런가요? 친구와 헤어지기도 하고, 물건은 망가지거나 잃어버리기도 하죠.

정신분석가 에리히 프롬은 상실에 대해 이런 이야기를 한 적이 있습니다. "잃어버린다는 것을 받아들이는 일은 무척 힘들다. 그러나 다시 찾을 수 없는 것에 매달리다 보면 더 많은 것을 잃게 된다. 내가 의미 있게 써야 할 시간, 내가 더 사랑해야 할 사람들 그리고 나 자신까지도."

에리히 프롬이 한 말을 무기력에 적용해 보면 이렇게 되겠죠. "(무기력)을 받아들이는 일은 무척 힘들다. 그러나 다시 찾을 수 없는 것(무기력해서 흘려보낸 시간들)에 매달리다 보면 더 많은 것을 잃게 된다. 내가 의미 있게 써야 할 시간, 내가 더 사랑해야 할 사람들 그리고 나 자신까지도."

무기력으로부터 탈출하게 하는 생각의 힘은 생각보다 훨씬 강합니다. 그런데 여기에는 조건이 있습니다. 무기력한 상태의 원인을 남 탓으로 돌리기보다 나 자신을 변화시키는 데 초점을 두는 것입니다. 그렇게 하면 오랜 무기력도 순식간에 좋아질 수 있습니다. 그러니 무기력 코끼리의 발아래 밟혀서 서서히 납작해져 가고 있는 나 자신을 받아들이자구요. 이것이 변화를 위한 첫 시작입니다. 여기까지, 어렵지 않죠?

2단계 ▶ 무기력에서 벗어나기로 결단하기

"알겠어요. 무기력 코끼리인가 뭔가에 납작하게 깔려 있다는 얘기잖아요. 인정할게요."

네, 아직 다 된 건 아니지만 시작이 반이라고 하니 적어도 절반은 한 셈입니다. 이번엔 그 절반을 진짜 변화로 만들기 위한 굳히기 기술을 소개합니다. 바로 무기력으로부터 벗어나기로 결심하는 거죠.

"저도 무기력에서 벗어나려고 수도 없이 결심해 봤는데 다 실패했다구요."

물론 잘 알고 있어요. 그런데요. 제대로 먹히는 결심을 하는 데는 약간의 요령이 필요합니다. 〈해리 포터〉 시리즈의 작가 J. K. 롤링의 이야기를 들어 볼까요? "세상을 바꾸기 위해 마법이 필요하지는 않다. 우리는 세상을 바꾸는 데 필요한 힘을 이미 갖고 있다. 더 나은 것을 상상할 힘이다."

그렇습니다. 굳은 결심을 수없이 해 봐도 잘 안 됐던 여러분에게 권하는 것은 '더 나은 나를 상상하는 것'입니다. 친구들, 선생님이나 부모님이 말씀하시는 내 모습이 아닌, 내가 생각하기에 정말 잘 지내는 '더 나은 나의 모습은 어떤 모습일까요? 로마 제국의 황제이자 철학자로 잘 알려진 마르쿠스 아우렐리우스는 이렇게 말했습니다. "자신을 잘 들여다보라. 잘 들여다보기만 한다면 그 안에는 언제나 나를 일으켜 세울 힘이 있다."

남들이 이야기하는 더 나은 내가 아닌, 내가 진정으로 바라는 더 나은 나를 만나는 건 쉽지만은 않은 일입니다. 내가 과연 더 나은 나를 원하는지 확신이 없을 수도 있구요. 그렇지만 모든 사람의 마음에는 지금보다 조금이라도 더 나은 나, 조금이라도 더 나은 상황, 아주 조금이라도 더 나은 미래를 꿈꾸는 생각의 씨앗이 숨어 있답니다. 이 씨앗은 춥고 건조한 겨울에는 싹을 틔울 수가 없어서 가만히 잠들어 있죠. 봄이 오고 비가 내려서 땅이 겨울잠에서 깨어나면 언제든 싹을 틔울 수 있습니다.

더 나은 나를 머릿속에 그려 볼 때는 마치 사진을 찍는 것처럼 해 보면 좋습니다. 패스케일 미셸런 박사는 "사람은 말보다 그림을 더 잘 기억한다"고 했습니다. 신경과학자들의 연구에 따르면 인간 두뇌의 시각 피질은 진짜와 상상의 차이를 분간할 수 없다고 하네요. 뭔가를 눈앞에서 보는 것처럼 실감나게 상상하면 마치 그 일을 실제 보고 있을 때처럼 두뇌 영역이 활성화(활기를 띤다는 뜻) 된다고 합니다. 눈앞에 먹음직스러운 과자를 놓고 침을 꿀꺽 삼킬 때와, 먹음직스러운 과자가 있다고 생각하면서 침을 꿀꺽 삼킬 때 우리의 뇌는 비슷하게 움직인다는 이야기입니다. 직접 눈으로 보는 것과, 보고 있다고 상상하는 것 사이에 별로 차이가 없다니 참 신기하죠?

심지어 상상이 실제로 보는 것보다 효과적인 경우까지 있다고 합니다. 여행 가서 이것저것 보는 걸 좋아하는 사람이라면 이 이야기들이 더 와닿을지 몰라요. 여행 준비를 하는 동안 무얼 보고 무얼 느낄 건지 머릿속으로 그림을 그리게 되는데, 그때 느끼는 즐거움은 막상 여행을 가서 직접 보고 느낄 때보다 더 클 수도 있거든요.

더 나은 나를 상상할 때도 이런 원리를 적용하면 도움이 됩니다. 내가 어떤 표정을 짓고 어떤 배경에서 어떤 이야기를 하고 있는지 마음의 그림을 그려 보는 겁니다. 가능하면 은유와 비유와 풍부한 상상까지 덧붙여서 그려 보면 좋겠습니다. 이렇게 상상을 연습하는 건 '이제 나는 무기력에서 벗어날 거야'라는 결심을 하는 준비로 아주 좋습니다.

결심을 하는 것은 일종의 자기 최면과 같습니다. 심리학자 아들러에 의하면 자기 최면은 어떤 상황을 직면할 준비를 할 수 있도록 분위기를 몰아가는 데 목표가 있다고 합니다. 개울물을 뛰어넘으려는 사람이 뛰어넘기 전에 하나, 둘, 셋 세는 것처럼 기운을 북돋아 최대한 집중하려고 준비를 하는 것과 같다는 것이죠.

그럼 어떻게 하면 기운을 북돋아 분위기를 반전시킬 수 있을까요? 뻔한 대사일지 모르지만 "자, 나는 이제 무기력에서 벗어날 거야!"라고 말해 볼 수 있을 거예요. '진짜로' 무기력으로부터 벗어날 준비를 하기 위해 스스로 다짐을 해 보는 거죠.

아직 무기력으로부터 벗어날 자신이 없다구요? 괜찮습니다. 그건 자신감으로 되는 게 아니거든요. 이 단계에서는 그저 하나, 둘, 셋 숫자를 세듯이 마음의 준비를 하는 것만으로도 충분합니다.

우리 주변에는 무기력했다가 벗어난 사람들이 분명히 존재하고, 생각보다 꽤 많이 있습니다. 이들의 공통점은 자신의 무기력을 알고 벗어나기로 결심했다는 거예요.

추가로 팁을 하나 더 드립니다. 협상 전문가로 잘 알려진 와튼 스쿨 교수 스튜어트 다이아몬드에 따르면, 경기가 박빙일 때 승리에 집착하면 오히려 지기 쉽다고 합니다. 최고의 실력을 발휘하기 위해서는 승리가 아닌 공(ball)에 집중해야 한대요. 꼭 이겨야 한다는 생각은 부담과 걱정을 가져올 수 있습니다. 그렇지만 눈앞에 있는 '공'만 쳐다보는 것은 경기를 잘 풀어 나가기 위한 튼튼한 기초가 됩니다. 이렇게 생각해 본다면 지금 내 눈 앞에 있는 '공'은 무엇일까요? 그렇습니다. '무기력한 나의 실제 모습'이겠죠. 막연한 나의 상태보다는 구체적인 나의 상태를 점검해 보는 게 낫습니다. 예를 들어 볼게요.

"난 요새 무기력해. 공부하는 시간보다 딴 생각을 하는 시간이 훨씬 길어"처럼 시간에 초점을 둘 수도 있구요.

"난 요새 무기력해. 내 방 침대, 따뜻한 이불 속에서 헤어 나올 수가 없어"처럼 장소에 초점을 둘 수도 있어요.

지금 당장 "으쌰으쌰!" 부르짖는다 해서 갑자기 힘이 생길 리는 없으니, 무기력한 나의 모습이 실제로 어떻게 드러나고 있나 가만히 살펴보세요. 농구 선수가 공에 집중하는 것처럼요. 지금까지 잘 되지 않았다 하더라도 실망하지 마세요. 맥스웰 몰츠는 자기계발 심리학의 원조로 인정받는 사람입니다. 그의 말을 들어 보세요. "당신 안에는 이제까지 감히 꿈도 꾸지 못했던 일들을 해낼 힘이 있다. 하지만 그 힘을 꺼내 쓸 수 있는 것은 당신이 믿음을 바꾸는 그 순간부터다."

더 나은 나를 상상하며 일어나기로 결심한 다음, 구체적으로 '내 앞에 놓인 공'에 집중한 여러분은 이제 무기력 코끼리의 뒷발바닥에서 빠져나올 준비가 다 된 상태입니다!

3단계 ▶ 목표 설정하기

자, 이제 결심의 심화 과정입니다. 목표를 세우는 단계죠. 심리학자 아들러는 이렇게 이야기했습니다. "정신은 내면의 목표가 있을 때만 발달한다. 목표는 어느 누구도 대신 세워 줄 수 없다." 삶을 일으키기 위해서는 분명한 목표를 세우고 그것을 좇으며 살아야 합니다.

"그 이야기를 들으니까 숨이 더 막히는 것 같아요. 남아 있던 기운까지 다 빠져나가 버리는 것 같다구요!"

그렇게 이야기할 거라는 거 알고 있었어요. 목표 세우는 걸 몰라서 안 세우는 사람은 없으니까요. 목표를 세우려고 하는 그 잠깐 동안에, 무기력의 무게를 못 견뎌서 주저앉고 잠들어 버리는 걸 테니까요. 그래서 목표를 세우되 어떻게 세울지 방법을 알려 주려고 해요.

첫 번째 방법은 목표와 시간 정하기입니다. '이번 주', '내년의 목표'처럼 구체적으로 시간을 제한하는 것은 도움이 많이 됩니다. 왜냐하면 시간 제한은 그 자체만으로도 목표 설정에 큰 영향을 미치기 때문이에요.

독일의 대학 철학과에서 했던 실험을 소개합니다. 교수님이 학생들에게 백지를 나눠 주고 10분 동안 목표를 적어 보라고 했습니다. 학생들은 한숨만 푹푹 쉬었지 아무것도 적지 못했습니다. 시간이 다 되자 교수님이 말했습니다.

"여러분의 인생이 1년밖에 남지 않았다고 가정하고 지금부터 버킷 리스트를 써 보세요." 그러자 교수님의 말이 끝나기가 무섭게 학생들은 백지를 채웠다고 합니다.

버킷 리스트에 대해 들어 본 적 있나요? 죽기 전에 꼭 해 보고 싶은 일들을 정리한 목록입니다. 목표와 버킷 리스트는 비슷한 개념인데도 불구하고 학생들이 보인 반응은 전혀 달랐습니다. 목표는 '막연하게 언젠가' 이루고 싶은 무언가로 받아들인 반면, 버킷 리스트는 '죽기 전에', 즉 정해진 시간 안에 해야 할 무언가로 받아들였기 때문입니다. 절박함과 빨리 이루고 싶은 마음은 사람들을 움직일 수 있습니다. 얼마 안 남았다는 애절함과 얼른 해야 한다는 다급함이 무기력에 푹 잠긴 사람들을 끌어내는 힘으로 작용하는 거지요. 참고로 이 실험을 한 교수님은 유명한 철학자 하이데거입니다. 그는 버킷 리스트처럼 시간 제한을 둔 상태에서 목표를 세우는 것을 '본래적 자기를 찾는 방법'이라고 불렀습니다.

목표를 세우는 두 번째 방법은 의미 찾기입니다. 운동선수가 고된 연습을 견딜 수 있는 것은 좋은 결과를 내서 훌륭한 선수가 되는 데 의미를 두기 때문입니다. 아무리 힘들어도 의미가 있으면 참을 수 있습니다. 내가 받았던 점수, 이미 지나간 일, 앞으로 일어날 일에 정신이 팔릴 게 아니라 내가 정말 원하는 것이 무엇인지, 내가 지금 할 수 있는 것이 무엇인지를 정의하는 것이 중요합니다. 나의 꿈, 내 삶의 의미는 어떤 모습인가요?

의미를 찾아야 목표를 세울 수 있는 이유는, 사람은 자신만의 동기가 있어야만 움직이기 때문입니다. 사람을 움직이는 데 외부 자극보다 더 중요한 것은 그 사람이 스스로 찾는 의미입니다. 돈을 받고 하는 일과 자원해서 하는 일 사이의 작지만 엄청난 결과 차이는 이런 견해를 뒷받침하지요. 운동을 한다고 상상해 볼까요? 자기가 좋아하는 일을 했더니 돈이 따라오더라는 말은 겸손한 척하는 이야기가 아닙니다. 어떤 일에 대해 중요한 의미를 부여하고 그 일에 확신과 즐거움이 있으면 사람은 움직입니다.

아직도 목표가 뜬구름 잡는 것처럼 막연하게만 느껴지는 친구들에게 권하는 목표 세우기 세 번째 방법은 '내가 어떻게 되겠다'라는 것으로 목표를 세워 보는 것입니다. 지금까지의 방법들과는 좀 다르죠? '무엇을 하겠다', 혹은 '무엇이 되겠다'는 목표는 목표 세우기가 낯선 사람들에게는 어렵게 느껴집니다. 구체적인 목표 지점을 정해야 한다는 마음의 압박 때문이지요.

예를 들어 '오늘부터 공부를 해야지' 또는 '대학에 갈 거야' 같은 목표는 그 자체로는 좋은 목표이지만 무기력 코끼리에 납작하게 짓눌려 있는 사람들에게는 그림의 떡 같은 이야기입니다. 그렇지만 '나는 오늘부터 마음이 편안해질 거야!'(그렇게 되도록 선택할 거야) 혹은 '나는 재미있게 살 거야!'(내 방법으로 재미있게 지낼 거야) 같은 목표는 상대적으로 쉽게 느껴집니다. 앞의 목표를 doing의 목표라고 한다면, 뒤의 목표는 being의 목표라고 표현할 수 있겠죠? 무언가 해야지라는 결심이 너무 많은 에너지를 쏟아야 할 것 같아서 망설여질 때, '어떤 마음으로 있어야지!'라는 결심은 내가 갖고 있는 힘들을 돌아보게 해 줍니다. 내 안에 잠들어 있는 힘들을 정렬해서 어디로 갈 것인지 추스르는 시간을 지나다 보면 나도 모르게 다시 힘을 낼 수 있습니다. '밝아져야지', '다시 일어서야지', '더 많이 웃어야지'처럼, 자신이 되고 싶은 모습을 생각해 보세요.

이제 목표 세우기의 네 번째 방법을 소개합니다. 바로 '결단하기' 입니다. 앗, 갑자기 무슨 결단이냐구요? 이미 좋아지기로 결심했는데 그것만으로 충분한 거 아니냐구요?

네, 아직 부족합니다. 이 시점에서 반드시 필요한 결단이 있어요.

우리는 지금, 당장, 스스로, 행복해지겠다는 중대한 결단을 내려야 합니다.

현재의 고통을 끝내는 것은 개인의 의지에 달렸습니다. 무기력하기 때문에 힘들다는 것, 잘 알고 있어요. 이토록 상황이 끔찍한데 행복해지겠다고 말하라니, 앞뒤가 안 맞는 것 같기도 하고 말도 안 되는 것 같기도 합니다. 하지만 무기력에서 벗어나는 것이 나의 의지에 달려 있다는 것은 분명한 사실입니다. 행복해지려는 의지는 때로 급진적이고도 뻔뻔하게 보일지 모릅니다. 그러나 살다 보면 감당하기 힘든 일들이 너무 많아요. 이미 여러분들도 삶이, 더 정확히 말하면 무기력이 감당하기 어려울 만큼 무겁다는 걸 경험하셨을 겁니다. 이러한 위기를 극복하기 위해서는 '그럼에도 불구하고 행복하게 지낼 거야'라는 굳은 결심이 필요합니다. 왜냐구요?

나는 행복하게 살 권리가 있는 존재이기 때문이에요.

행복의 모습이 모두가 생각하는 모습과 달라도 상관없습니다. 비록 지금까지 살면서 행복하게 산 기억이 별로 없고, 상상하기 힘든 불행을 겪었다 하더라도 절망하지 마세요. 쉽지는 않지만 자신에게 시련을 주었던 사람들, 자신의 과거와 화해하면 됩니다. 우리에게는 화해할 수 있는 충분한 힘이 있어요. 그 일을 없었던 것처럼 되돌릴 수는 없지요. 사랑하는 사람들과 함께하며 조금씩 행복을 찾아가기로 노력하다 보면 어느 순간 거짓말처럼 찾아오는 삶의 기쁨들을 만날 수 있을 겁니다. 그렇게 얻은 힘으로 우리는 어제보다 더 잘 살아 낼 수 있습니다.

시련을 이겨 본 사람은 이후에 장애물이 또 나타나도 좌절하지 않고 잘 견딜 수 있는 법입니다. 시련과 고난의 경험을 통해 더 강해지는 거죠. 넘어졌다가 일어난 사람은 자신이 넘어지기 전보다 더 강해졌다는 것을 깨달으면서 자존감이 회복됩니다. 여기에서 목표 세우기는 자존감과 연결됩니다. 앞에서 잠시 소개했던 의사 맥스웰 몰츠는 '긍정적인 자아상'이라는 표현을 썼습니다.

"무기력으로 약해진 자아가 탈출할 수 있는 비상구는 긍정적인 자아상을 가지는 것이다. 긍정적인 자아상을 통해 무기력에서 빠져 나오는 것은 더 나은 삶을 살 수 있도록 하는 열쇠다."

여러분의 자존감은 안녕한가요? 갑자기 목소리가 작아지면서 우물쭈물하게 되는 건 아닌가요? 나보다 더 잘난 사람들이 비웃기라도 할까 봐 두려운가요?

그 목소리들은 코웃음 한 방으로 가볍게 무시해 주어도 괜찮습니다. 건강한 자존감은 스스로의 존재 자체에 가치를 두기 때문이죠. 자존감이 건강한 사람은 누군가와 비교해서 잘나고 멋지다는 가치를 찾지 않고, 자기 스스로의 존재만으로도 충분히 괜찮다는 결론을 내립니다. 나를 인정하고 사랑하기로 결심하는 것만으로도 자존감은 자라나기 시작합니다. 한 번에 뚝딱 되는 건 아니지만, 매일 '나를 인정하고 사랑하기로' 결심하는 것은 자존감이 잘 자라도록 돕는 방법이 됩니다.

목표를 세우기 위한 노력의 마지막 방법은 '목표 적어 보기'입니다. 머릿속으로 생각하는 목표 말고, 눈에 보이도록 적는 목표 말이죠. 이게 왜 중요한지 예일 대학교의 실험 결과를 들어 보면 이해가 갈 겁니다. 1953년 예일 대학교에서 졸업반 학생들을 대상으로 '목표를 명확하게 써 두고 있는가?'라는 질문을 주고 답해 보도록 했습니다. 조사 결과 아무런 목표도 설정한 적이 없는 사람이 67퍼센트, 목표가 있으나 글로 적어 두지 않은 사람이 30퍼센트, 목표를 글로 적어 둔 사람이 3퍼센트였다고 하네요. 그로부터 20년이 흐른 1973년. 20년 전에 실험에 참여했던 졸업생 중 사회에 진출한 사람들을 대상으로 지금 어떻게 살고 있는지 조사했다고 합니다. 결과는 자신의 목표를 글로 썼던 3퍼센트의 졸업생이 모은 재산이 나머지 97퍼센트의 졸업생 전부가 모은 재산보다 훨씬 많았다고 합니다.

돈이 인생의 전부가 아니기에 돈 말고 다른 영역도 분석해 보았습니다. 놀랍게도 3퍼센트의 사람들이 건강과 행복감 등의 항목에서도 점수가 훨씬 높은 것으로 나타났습니다. 3퍼센트의 사람들과 97퍼센트의 사람들은 지능이나 재능에 별 차이가 없었다고 합니다. 3퍼센트의 사람들이 적어 놓은 목표가 무엇이었는지도 그렇게 중요하지 않았습니다. 자기가 적은 목표를 실제로 이루었는지, 그걸 위해 얼마나 노력했는지도 중요한 변수가 아니었습니다. 단지 목표를 적는 것만으로 생긴 차이는 20년이 넘게 흐른 뒤, 삶에 큰 영향을 미쳤습니다.

자, 이것도 한번 실험해 볼 만하지 않을까요? 목표를 한번 적어 보면서 그 3퍼센트 안에 들어가는 시도를 해 보는 건 어떨까요?

잔소리 덧붙임) 목표를 세우기로 결심한 분들에게 한마디만 덧붙입니다. 목표를 세우는 건 좋지만 목표를 이루지 못하면 안 된다며 압박과 긴장 속에 자신을 내버려 두지 마세요. 예상했던 목표에 도달하지 못하면, 무리하지 않는 선에서 다시 세우면 됩니다. 작심삼일로 끝나서 속상하면 3일마다 다시 작심하면 된다구요.

무기력 코끼리 다루기

4단계 ▶ 뭐라도 시작하기

관성의 법칙을 아시나요? 뉴턴의 운동법칙 가운데 제1법칙으로, 외부에서 가하는 힘이 없을 때 물체는 운동의 상태를 유지한다는 법칙입니다. 힘에 의한 변화가 생기기 전까지 물체는 항상 기존의 상태대로 있으려고 합니다.

우리 마음도 과학적인 데가 있어서 관성의 법칙을 따릅니다.

무기력해서 아무것도 못 하고 있다구요? 아마 계속 그렇게 있게 될 가능성이 높을 겁니다.

에너지가 넘쳐서 활발하게 움직이고 있다구요? 아마 계속 그렇게 지내게 될 가능성이 높을 겁니다.

지금 무기력하다고 해서 낙담할 필요는 없어요. 아까 이야기한 '관성의 법칙'을 유심히 보세요.

'외부에서 가하는 힘이 없을 때 — 힘에 의한 변화가 생기기 전까지'

그렇습니다. 외부에서 힘을 가하지 않으면 그대로 있지만, 외부에서 힘을 가하면 관성의 법칙을 따라서 움직임이 시작되는 겁니다. 이름은 '외부의 힘'이지만, 다른 곳이 아닌 '내 안에 있는 힘'입니다. 이렇게 생각해 보면 어떨까요? 내 마음을 바깥에서 감싸고 있는 내 몸의 힘을 '외부의 힘'이라고 부른다면요. 그 외부의 힘은 다른 사람이나 특별한 사건일 필요는 없어요. 내가 내 몸을 움직이기 시작하는 순간 나를 움직이게 하는 외부의 힘을 빌려 온 것과 같으니까요. 일어나서 세수를 하는 것이든, 발가락을 꼼지락거리는 것이든, 심호흡을 하는 것이든 상관없습니다. 중요한 건 몸을 움직이기 시작하면 실제로 내가 움직인다는 겁니다.

우리 뇌는 한번 움직이기 시작하면 그 일을 멈추는 데 더 큰 에너지가 소모된다는 걸 잘 알고 있다는 연구 결과가 있습니다. 뇌는 어떻게든 에너지를 절약하는 것에 목표를 두고 있기 때문에, 움직이기 시작하면 그 직전까지 꼼짝도 않고 있던 것보다 움직이는 게 더 낫다는 판단 아래 그 움직임을 지속하려고 합니다. 아주 조금만 움직여도, 도무지 아무것도 못하는 상태가 아니라는 걸 우리 뇌는 금방 알게 되죠. 그러니 손가락 하나 까딱할 힘도 없다고 생각하는 여러분, 정말로 손가락 하나만 까딱거려 보시겠어요? 자, 어때요, 생각보다 쉽죠?

페이스북 최고 운영 책임자 셰릴 샌드버그는 말합니다. "수백 번의 이상적인 생각보다 한 번의 실행이 변화의 시작이다." 할 일을 자꾸만 뒤로 미루는 사람들은 의욕과 행동을 혼동한다고 합니다. 의욕이 다 차오르기를 기다리지 마세요. 움직이기 시작하면 의욕은 따라오게 됩니다. 다 따라오지 않아도 괜찮아요. 할 수 있는 데까지만 하면 되니까요.

화성에 홀로 남은 우주인 마크 와트니가 지구로 돌아오기 위해 고군분투하는 영화 〈마션〉을 보셨나요? 스포일러가 되겠지만 그는 무사히 지구로 돌아와 NASA 후배들을 앞에 놓고 강의를 하지요.

"인생에서 뜻대로 되는 건 하나도 없어. 어느 순간 모든 게 다 틀어져 버리고, 아, 이렇게 끝나는구나 하는 때가 온다고. 그때는 둘 중 하나를 할 수 있어. 그렇게 끝을 받아들일지 아니면 움직이기 시작할지. 포기하고 죽을 게 아니라면 살려고 노력해야지. 그게 전부야. 무작정 시작하는 거야. 문제 하나를 해결하고, 다음 하나, 또 그 다음 하나를 해결하는 거야. 만일 충분히 문제를 해결했다면 집으로 갈 수 있어. 어느 순간 끝이 보일 거야."

이 이야기가 화성에서 지구로 돌아가야 하는 사람에게만 필요한 건 아닐 겁니다. 무기력에 빠져 힘겨워하는 사람들에게도 똑같은 이야기가 필요합니다.

'일단 시작하는 거야. 문제 하나를 해결하고, 다음 하나, 또 그다음 하나를.'

인지 심리학자 박경숙은 말합니다. "꿈을 이루지 못하는 것은 느리게 달려서가 아니라 달리지 않기 때문이다." 자, 지금 달릴 준비를 하고 있나요? 미처 다 준비하지 못했어도 괜찮아요! 지금 달려 보세요. 달리지 못하겠으면 걷기라도 해 보자구요.

마지막으로, 그래도 마음이 내키지 않은 상태에서는 아무것도 하지 않겠노라 굳은 결심을 하고 있는 분들께 하고 싶은 말이 있어요. 심리학자인 윌리엄 제임스는 감정을 행동으로 나타내기보다 행동으로 감정을 이끌어 내기가 더 쉽다는 결론을 옛날 옛적에 내렸습니다. 사랑하는 마음이 있어도 행동으로 표현하기가 쉽지 않지요? 이것보다 훨씬 쉬운 게 있어요. 누군가를 위해 작은 배려나 행동을 꾸준히 하다 보면 사랑의 감정이 저절로 솟아나게 됩니다. 무기력도 마찬가지예요. 활기 넘치는 에너지가 마음 밑바닥에서부터 보글보글 솟아오르기를 기다리기만 한다면 세상이 끝날 때까지 기다려야 할지도 몰라요. 그보다는 몸을 움직여서 활기를 표현하는 편이 훨씬 쉽습니다. 아직 자신감이 차오르지 않았고, 에너지가 다 충전된 게 아니라도 괜찮습니다. 아직 몸은 물 먹은 솜처럼 무기력한데 힘이 솟았다고 상상해 보는 것, 쉽지는 않지만 해 볼 만한 가치가 있습니다. 활기찬 사람이 지을 법한 미소를 지어 보거나, 스트레칭이라도 해 보는 거예요. 몸이 움직이면 머리와 마음이 따라가기 시작합니다.

침팬지 연구로 잘 알려진 과학자 제인 구달은 말했습니다. "절망에 맞서는 가장 좋은 방법은 상황을 바꾸기 위해 모든 노력을 다하는 것이다. 아무리 사소한 일도 매일매일, 조금이라도 바꿀 수 있도록 행동을 취하는 것." 바꿔 보면 이렇게 말할 수 있겠죠.

"무기력에 맞서는 가장 좋은 방법은 (무기력한) 상황을 바꾸기 위해 모든 노력을 다하는 것이다. 아무리 사소한 일도 매일매일, 조금이라도 바꿀 수 있도록 행동을 취하는 것."

5단계 ▶ 삶의 잔재미 찾기

아침에 일어나서 학교에 가는 일이 신나고 즐거운 사람이라면 걱정할 필요가 없겠지만, 안타깝게도 대부분은 매일의 일상으로 들어가는 데 상당한 부담감을 느낍니다. 그런데 신기한 것은 학교에 갈 때는 알람을 두세 개씩 맞추어 놓아도 일어나는 게 힘든데, 친구들이랑 아침 일찍 놀러 가기로 한 날에는 눈이 번쩍 떠진다는 거예요. 재밋거리가 끼어들면 삶의 색깔이 달라져 보입니다. 세수하고 이 닦는 게 너무 귀찮아서 가능하면 건너뛰고 싶던 사람이라도, 좋아하는 아이가 짝이 되면 공들여 세수하고 이를 닦기 마련이죠.

무기력에서 우리를 끌어올리는 힘은 '재미'에 있습니다. 운동에 재미를 붙이면 운동을 하고 싶어 좀이 쑤십니다. 노래에 재미를 붙이면 하루 종일 노래를 부를 테구요. 그래서 유난히 일어나기 힘든 아침이라면 '오늘 재미있는 일이 뭐 없나?' 하고 아침부터 저녁까지의 시간을 쭉 스캔해 보는 것도 좋습니다.

그런데요. 아무리 눈 씻고 찾아도 재밋거리라고 할 만한 게 없다면 어떻게 해야 할까요? 닐 패스리차는 캐나다의 평범한 회사원이었습니다. 어느 날부턴가 그는 사람들이 세상을 너무 팍팍하게 살아간다는 생각이 들었습니다. 주변을 돌아보면 기분 좋은 일이 많은데 사람들이 그걸 느끼지 못할 뿐이라고 생각했죠. 그래서 그는 '세상에서 가장 신나는 이야기 1000가지'라는 블로그를 열었습니다. 이 블로그는 폭발적인 인기를 끌었고, 인터넷 계의 오스카상이라는 웨비 상을 탔습니다. 여기에 실렸던 글들을 모은 책 『The Book of Awesome』(행복 한 스푼)은 〈뉴욕 타임스〉 베스트셀러에 오르며 1백만 부 이상 팔렸습니다. 그 책에 실린 내용 몇 개를 소개해 볼게요.

"잠자다가 뒤척거릴 때 베개를 뒤집어 보세요. 신선하고 서늘합니다. 와우!"

"마트에서 길게 줄을 섰는데 다른 계산원이 '이쪽으로 오세요!' 하고 외칠 때, 와우!"

"남 몰래 자는 잠의 짜릿함, 와우!"

"엘리베이터 버튼을 누르려는 순간 문이 열릴 때, 와우!"

어때요? 이렇게 보면 우리들의 일상은 사소하지만 신나는 일들로 가득 차 있는 셈입니다.

그런데도 도무지 재미있는 게 없다면, 내 마음이 혹시 '감기'라도 걸려 있는 건 아닌지 점검해 볼 필요가 있습니다. 우울증을 흔히 마음의 감기라고 하지요. 우울증을 앓는 사람들이 보이는 특징이 있습니다.

'다 내 탓이야.'

'난 앞으로도 영원히 잘 안 풀릴 거야.'

'모든 게 다 맘에 안 들어.'

'(나쁜 일이 생기면) 당연하지. 앞으로 계속 반복될 거야.'

'(좋은 일이 생기면) 운이 좋았을 뿐이야. 다음에는 그럴 리가 없어.'

'조금이라도 잘못 되면 다 망한 거야. 100퍼센트 잘 된 게 아니면 다 망친 거야. 100퍼센트 괜찮은 게 아니면 다 엉망인 거라고.'

남의 일 같지 않다구요? 너무 심각하게 생각할 필요는 없습니다. 살다 보면 우울할 수도 있고, 재밋거리를 못 찾을 수도 있습니다. 그런 사람들에게 닐 패스리차의 인터넷 강의의 일부를 전합니다. "우울한 감정에 마구 휘둘리며 영원히 암울하고 암담하게 살 수 있습니다. 아니면 슬퍼하고 나서 새롭게 맑아진 눈으로 미래를 직시할 수 있습니다. 후자를 선택하는 게 훌륭한 태도입니다. 물론 정말 많이 힘들고 눈물 나는 고통이 있겠지만 앞으로 나아가는 편을 택해서 미래를 향해 걸음마라도 떼야 합니다."

오늘 하루 동안 만나게 될 내 삶의 재밋거리 못지않게 중요한 이야기 하나를 더 해 볼게요. 서랍 속에 비상금을 챙겨 두는 것처럼, 가방 속에 초콜릿을 넣어 두는 것처럼, 재미있는 생각들도 마음의 비상식량같이 챙겨 두는 게 좋아요. 우리 뇌는 아무리 연구해도 다 알 수 없을 만큼 어마어마한 기능이 있지요. 그런데 가끔은 깜짝 놀랄 정도로 어이없는 단순함도 있답니다. 예를 들면 좋은 기억과 나쁜 기억에 관한 거예요.

"엄마가 나한테 해 준 게 뭐가 있어?"

이런 말, 안 해 본 사람 있나요? 최소한 마음속으로라도 되뇌었을 가능성이 높죠. 이 말을 하게 될 때는 머릿속에 '엄마가 나에게 못 해 준 수십 가지' 일들이 후다닥 지나가는 때일 거예요. 그런데 가만히 마음을 가라앉히고 생각해 보세요. '엄마가 나에게 해 준 수천수만 가지' 일들이 정말 없어서 기억이 안 날까요? 그렇지 않거든요. 우리 뇌는 좋은 일들에 대한 기억은 잘 놓치고, 나쁜 일들에 대한 기억은 더 잘 보관해요. 좋은 기억은 굳게 마음먹지 않으면 좀처럼 떠오르지 않는데, 나쁜 기억은 떠올리려고 하지 않아도 돌연 떠오르는 게 우리 뇌의 자연스러운 흐름입니다. 그리고 기억이 떠오르면 그 기억에 대한 반응은 거의 반자동으로 따라오게 되어 있지요.

나쁜 기억이 등장하면 거의 동시에 마음은 분노, 슬픔, 억울함, 짜증으로 가득 차요. 그럴 때 어떻게 해야 할까요? 이때가 '재미있는 생각'이라는 마음의 비상식량이 필요한 때예요.

불쾌한 기억이 갑자기 찾아와도 '이번 주엔 어떤 즐거운 일이 있었지?' 하고 생각해 보면 좋겠어요. 지진이 자주 나는 일본에서는 어릴 때부터 지진에 대피하는 훈련을 철저하게 받는다고 해요. 일본 사람들은 생존 가방이라는 걸 꼭 챙기는데 생존 가방 안에는 지진에 대비해 비상식량을 반드시 채워 놓는다고 합니다. 우리도 마음에 지진이 날 때를 대비해 '비상식량'을 챙겨 두면 좋겠어요.

6단계 ▶ 긍정적으로 생각하기

우리 뇌에는 복잡미묘한 기능에 비해 의외로 허당인 부분이 있다고 했지요? 뇌가 미리 추론한 사실을 믿을 때가 많다는 것 역시 그런 부분입니다. 미국의 과학전문지 〈디스커버〉에 실린 내용입니다. 미국 퓨지트 사운드 대학 심리학과 마크 라인츠 박사 팀이 실시한 심리 실험인데요. 대학생 48명에게 "길바닥에 있는 오렌지 껍질을 밟으면 넘어진다"라는 얘기를 하고 이틀 뒤 학생들에게 바나나 껍질 앞으로 다가가는 사람의 사진을 1초간 보여 줬다고 합니다. 그랬더니 학생 중 68퍼센트가 바나나 껍질을 밟고 미끄러져 넘어져 있는 모습을 연상했대요. 오렌지 껍질을 바나나 껍질이라고 지레짐작한 거죠. 라인츠 박사에 따르면 뇌는 감각을 조합해서만 움직이는 것이 아니라 스스로 인과 관계를 만들기도 한다면서, 이 때문에 그 전의 정보를 종합해 진짜가 아닌 것도 인과 관계로 추론해 믿을 가능성이 있다고 합니다. 가짜 기억을 만들어서 심는다거나, 세뇌(brain washing) 역시 이러한 뇌의 특성 때문에 가능한 것이죠.

　이번에는 영국의 리얼리티 쇼에 방영된 에피소드입니다. 두 그룹의 사람을 모아 진행한 비밀 심리 실험인데요. 한 그룹은 자신에게 늘 멋진 일만 일어난다고 생각하는 사람들로 택시를 타야 할 때 빈 택시가 앞에 서고, 우산을 챙겨 간 날 비가 오는 사람들이죠. 이들을 행운아 그룹으로 부를게요. 다른 한 그룹은 이들과 반대로, 빈 택시가 안 잡혀서 길을 건너가면 반대쪽에 택시가 오고, 우산을 가져간 날에는 비가 안 오고 우산을 두고 온 날에 비가 온다는 사람들입니다. 이들을 비행운아 그룹이라고 불러 볼까요? 심리 실험의 내용은 이렇습니다. 촬영을 위해 장소를 이동해야 한다며 한 사람씩 건너편 방으로 이동하도록 지시합니다. 사람들이 걸어갈 복도 한쪽에 100파운드짜리, 우리 돈으로 대략 15만 원짜리 지폐를 떨어뜨려 두었죠. 어떻게 되었을까요? 여러분 예상이 맞았어요! 행운아 그룹은 돈을 더 잘 주웠구요. 비행운아 그룹은 돈을 못 보고 지나치는 경우가 많았다고 합니다. 이들 중에는 돈을 보고도 고개를 갸웃거리며 지나간 사람도 있었다는군요.

우리는 보고 싶은 것만 보는 경향이 있습니다. 살면서 내가 바라보았던 것들이 지금의 나를 만들었고, 그런 나는 또 나에게 익숙한 것을 바라보게 됩니다.

앞에서 한 이야기들의 공통점은 무엇일까요? 맞아요. 삶은 내가 바라보는 방향에 따라 결정이 된다는 겁니다. 다행인 것은 이 방향을 내가 깨달을 수 있고, 쉽진 않더라도 바꾸거나 조율할 수도 있다는 거예요. 야구선수 류현진은 말했습니다. "변화구에서 왜 홈런이 많이 나오는지 아세요? 치긴 어렵지만 일단 치면 많은 회전이 담긴 변화구가 힘을 받고 더 멀리 가기 때문입니다. 지금 변화구가 날아옵니까? 당신에게 홈런 칠 멋진 기회가 주어졌군요."

류현진 선수가 변화구를 '어려운 공'이 아니라 '홈런을 칠 기회'로 본 것처럼 내 삶의 장면들 역시 좋은 것은 좋은 것대로 '직구'로 보고, 힘들고 어려웠던 것은 또 그 나름대로 '변화구'로 볼 수 있다면 삶은 많이 달라질 수 있을 겁니다. 지금까지 나에게 주로 날아온 변화구는 무엇이 있을까요? 혹시 치기 쉬운 직구가 날아오지 않았다고 투덜대면서 야구방망이를 내던지고 싶은 건 아닌가요? 그런 맘이 들 수도 있죠. 그래도 끝까지 경기를 마치는 걸 포기하지 마세요. 변화구는 변화구대로, 직구는 직구대로 받아 치면 됩니다. 헛스윙을 할 수도 있어요. 포기하지 않는다면 쳐 내는 실력과 공을 보는 눈이 조금씩 좋아질 겁니다.

이쯤에서 꼭 기억해 두어야 할 게 있습니다. 머릿속을 가득 채운 부정적인 생각들은 사실이 아닐 가능성이 아주 높다는 거예요. 어디까지나 기분이 좋지 않아서 그런 생각이 든 것뿐이지 나에게 깜깜한 앞날을 내다보는 예지력이 생긴 건 아니라는 거죠. 그러니 내 귀에 대고 떠들어 대는 부정적인 생각들의 목소리로부터 귀를 막을 필요가 있습니다. 약간의 의지만 있으면 내 머릿속의 부정적인 생각들을 긍정적인 생각으로 바꿀 수 있다는 사실을 잊지 마세요. 아카데미 여우주연상을 수상한 영화배우 퍼트리샤 닐은 "긍정적인 태도는 기적의 묘약이다"라고 했습니다. 내 안에 묘약을 만들 수 있는 비법이 숨어 있는데 이걸 사용하지 않을 이유는 없겠지요?

만일 이런 모든 노력에도 불구하고 어두컴컴한 생각이 끊이지 않는다면 이럴 때 해 볼 수 있는 팁이 있어요. 최소한 그 생각의 끄트머리에 '그래도'라는 꼬리(접속사)를 붙여 보는 거예요. 예를 들어서 '어른이 되면 너무 피곤할 것 같아' 같은, 불길한 데다가 실현 가능성이 상당히 높아 보이는 생각이 자꾸 떠오른다면? '피곤할 것 같아'에서 끝내지 말고 '어른이 되면 너무 피곤할 것 같아. 그래도 좋은 일들이 없지는 않겠지' 이렇게 뒷말을 이어 보는 겁니다. '스트레스 받아서 마구 먹었더니 살이 쪄서 보기 흉해졌어'에서 끝내지 말고 '그래도 몸이 튼튼하니까 다행이야' 이렇게 뒷말을 붙이는 거죠.

<u>주의</u>) 그렇다고 무조건 좋은 생각만 하자는 이야기는 아니에요! 그건 현명한 방법이 아니랍니다. 대책 없는 낙관주의자들이 제일 먼저 죽었다는 '스톡데일 패러독스'에 대해 들어 봤나요? 스톡데일은 미 해군 장교로 베트남 전쟁 당시 8년간 포로 생활을 했던 사람입니다. 포로수용소에서 살아남을 수 있었던 이유를 물었을 때 이렇게 대답했다고 하죠. "언젠가 그곳을 나갈 수 있을 거라는 믿음을 버리지 않았을 뿐만 아니라, 더 나아가 당시의 상황이 무엇과도 바꿀 수 없을 내 삶의 소중한 경험이 될 것임을 의심한 적이 없습니다." 그러면 그 상황을 견디지 못한 사람들은 대체 어떤 이들이었냐고 묻자 그는 이렇게 말했습니다. "낙관주의자들입니다. 크리스마스 때까지 나갈 거야, 라고 말하던 사람들입니다. 그러다가 크리스마스가 지나면 부활절이면 나갈 거야, 라고 말하죠. 그다음은 추수감사절, 그리고 다시 다음 크리스마스를 고대합니다. 그러다가 결국 상심해서 죽지요. 이건 매우 중요한 교훈입니다. 결국에는 성공할 것이고 결단코 실패할 리 없다는 믿음과 그게 무엇이든 눈앞에 닥친 현실 속의 가장 냉혹한 사실들을 직시하는 규율은 결코 서로 모순되는 것이 아닙니다."

이 이야기를 들어 보면 꿈을 꾸되 현실에 발을 붙이는 게 정말 중요하다는 생각이 듭니다. 현실에 발을 붙이지 않고 허공에 붕 뜬 상태에서 꿈을 꾼다면 바로 그 꿈이 우리를 제일 아프게 할 겁니다.

언젠가 수용소를 벗어나 이전처럼 살 수 있을 거란 희망을 품는 건 좋지요. 그렇지만 오늘 수용소에서 하루를 보내고 있다는 현실도 무시해서는 안 됩니다. 석방될 거란 희망을 품되 그게 언제일지 아무도 모른다는 현실을 함께 받아들여야 한다는 이야기입니다.

'에이, 어떻게든 먹고살겠지. 설마 굶어 죽기라도 하겠어?' 그렇게 공부 안 해서 나중에 어떻게 먹고 살겠느냐고 걱정하는 부모님을 뒤로한 채 이런 생각에 빠져 있는 사람이 있다면, '먹고야 살겠지' 하는 생각 역시 현실에 발을 붙이지 않은 꿈이라는 사실을 직면해야 합니다. 하긴, 먹고야 살겠지요. 그런데 그게 정말 내가 바랐던 모습인지 생각해 봐야 하지 않을까요? 나중에 내가 먹고 살 일을 걱정하시는 부모님께 어떻게든 먹고살기는 할 거라는 '희망적이고 좋은 생각'을 하고 있었다고 우기기보다, 내가 마음속 깊이 두려워서 피하고 싶었던 현실들을 마주 보는 노력이 필요합니다.

'내가 살고 싶었던 대로 살지 못할 수도 있겠다' 또는 '내가 먹고 싶었던 것들을 먹으면서 살지는 못할 수도 있겠다' 같은 게 내가 받아들여야 할 현실이 아닐까요?

이번에는 생각을 바꾸는 중요한 기술 한 가지를 소개해 보려고 합니다. 바로 생각의 쓰레기통 기법입니다. 쓰레기통 기법은 '미리 정해 놓은 시간'에 준비한 노트를 펼치면서 시작됩니다. 머릿속을 복잡하게 만들던 온갖 생각들을 노트에 적습니다.

'엄마 아빠가 이혼하시면 어떻게 하지?'

'대학에 못 가면 어떻게 될까?'

'친구들이 나를 싫어하게 될까 봐 두려워.'

'우리 반에 나를 싫어하고 미워하는 애들이 있을 거야.'

상상만 해도 마음이 무거워지는 생각들을 다 기록하고 나면, 노트를 덮습니다. 여기까지입니다.

앞에서 '미리 정해 놓은 시간'에, 라고 전제 조건을 달았죠? 만일 그 시간이 아닐 때 나를 괴롭히는 생각이 출몰하면, 그 생각을 가볍게 무시하려고 노력해 봅니다. 물론 나를 괴롭히는 생각들은 그 정도로 쉽게 무시되지는 않죠. 그다음이 중요합니다. 요놈의 생각들에게 '다음 이 시간에' 다루어 주리라, 굳게 약속하고 미룹니다. 사람 마음은 참 희한한 데가 있어서 생각을 안 하려고 하면 더 나게 마련입니다. 그래서 생각을 안 하는 건 현실적으로 불가능하죠. 그렇지만 생각을 미루는 건, 생각을 안 하는 게 아니기 때문에 조금 더 쉽습니다. 물론 연습과 훈련이 필요하기는 하지만 안 되는 것과 어려운 것 사이에는 하늘과 땅의 거리만큼 큰 차이가 있습니다. 미리 정한 시간이 아닌데 나를 괴롭히는 생각을 곱씹고 있다면? 그건 쓰레기통에 집어넣은 생각들이 아무 때나 쏟아져 나오는 것과 같습니다. 마음을 쓰레기장으로 만들고 있는 중인 거지요. 아직까지도 수

시로 생각의 쓰레기통을 뒤적거리고 있다면, 나는 왜 도둑고양이나 할 법한 행동을 하고 있는지 심각하게 반성해 보아야 합니다. 다음 번 정해 놓은 시간이 다가오면 노트를 펴서 마음을 복잡하고 두렵게 하는 온갖 생각들을 또 적어 내려갑니다. 시간이 다 되면 고이 덮어 놓는 것, 잊지 마세요.

'생각의 쓰레기통' 기법은 여러 가지 기능이 있습니다. 생각하기를 나중으로 미룬 덕에 확보한 시간들을 유용하게 쓸 수 있구요. 머릿속을 헤집어 놓는 생각들을 적어 보는 그 자체도 마음을 정리하는 데 탁월한 효과를 발휘합니다. 여름밤에 깜깜한 곳에서 허연 게 훅 움직이면 나도 모르게 "꺅! 귀신이야!" 하고 소리를 지르게 되죠? 그런데 불을 탁, 켜 보면 어떤가요? 선풍기 바람에 날아간 휴지조각이라는 걸 알고 민망해질 겁니다. 나를 괴롭히는 생각들을 적어 보는 것은 내 마음의 방에 불을 환하게 켜는 것과 같습니다. 정말 걱정해야 할 일들인지, 아니면 그저 휴지조각에 불과한 것인지 차분하게 적는 동안 분명하게 알게 될 거예요.

무기력 코끼리와 헤어지기

7단계 ▶ 감사의 힘 누리기

행복한 사람은 무기력할 틈이 없습니다. 그렇다면 행복한 사람의 특징이 뭘까요? 여러 가지가 있겠지만 가장 큰 특징은 '감사'입니다. 그런데 말이죠. 심리학 영역에서 '감사'만큼 열렬한 환영과 엄청난 무시를 당한 것도 없을 겁니다. 어떤 환영이었느냐구요?

"맞아! 감사만 하면 돼! 감사하면 모든 문제가 해결이 돼!"라는 강력한 목소리들이 있었거든요.

그만큼 무시도 많이 당했습니다.

"무슨 주문 외우는 것도 아니고, 마음에서 우러나지도 않는데 감사한다고 해서 뭐가 달라져?"

이런 논란들이 있지만, 감사만큼 행복과 연관 관계가 밝혀진 척도는 없습니다. 행복한 삶에 가장 높은 상관관계를 보이는 것이 무엇일까, 수많은 사람들이 연구한 결과를 소개할게요.

행복, 삶의 만족도와 긍정적인 상관		
0에서 낮은 상관	중간 정도의 상관	높은 상관
나이 성별 교육 사회적 지위 수입 자녀 인종 지능 외모의 매력도	친구의 수 결혼 종교에 독실한 정도 여가 활동의 수준 신체적 건강 양심 외향성 자기 통제력	감사 낙관주의 취업 긍정적인 감동을 경험한 비율 자기효능감

낮은 상관은 '별로 관계가 없다'는 것이고, 높은 상관은 매우 관계가 많다는 뜻입니다. 감사가 높은 상관에 들어가 있는 것 보이세요? 놀랍게도 사회적 지위나 수입, 외모의 매력도 같은 것은 행복과 크게 상관이 없었다고 해요. 흔히 높은 지위에 올라가거나, 돈을 많이 벌거나, 예쁘면 행복할 것 같은데 실제로는 그렇지 않다는 이야기죠.

그래서 긍정심리학 과정에서는 '매일 세 가지 좋았던 일 꼽아 보기'를 숙제로 낸다고 합니다. 감사와 긍정은 관련이 깊어요. 닭이 먼저냐 계란이 먼저냐처럼요. 우리도 잠들기 전에 '오늘 하루 좋았던 일들'을 매일 세 가지씩 적어 보는 연습을 해 보는 거 어떨까요? 그리고 그 일이 왜 좋은 일인지 간단한 설명을 덧붙이면 더 좋아요. 설명을 하는 동안 더 깊은 생각들이 나오거든요. 그리고 앞에서도 얘기했듯이 많은 사람들은 좋은 일을 당연한 거라고 생각해요. 키가 작은 건 너무 속상한데, 예쁜 건 당연하게 생각하는 식이죠. 그러다 보니 좋은 일들에 대해 많이 생각하지 않고, 감사를 통해 얻을 수 있는 좋은 점들을 놓치기 쉽습니다. 긍정심리학자 크리스토퍼 피터슨의 연구에 의하면 자기가 받은 축복을 세어 보는 훈련은 행복을 증진시키고, 우울의 증상들을 감소시켰다고 합니다.

그럼 덮어놓고 감사하면 되나요? 감사하다고 웅얼거리면 행복해지고 무기력이 뿅 하고 사라질까요? 그건 아닙니다. 마음에서 우러나오는 감사를 해야지 입으로만 감사하다고 떠든다고 해서 행복할 리가 없죠.

그런데 우리는 감사할 때보다 그렇지 않을 때가 훨씬 많은 것 같아요. 그러면 감사한 마음이 안 생기는 이유가 뭔지 한번 생각해 봅시다. 가장 큰 이유는 '열등감'입니다.

"이렇게 엉망인데 감사는 무슨."

그런데 나, 정말 엉망인 것 맞나요? 한번 곰곰이 따져 보죠. 다른 사람보다 잘하는 것을 '장점'이라고 합니다. 나에게 있는 특별한 장점을 찾을 수 있으면 제일 좋죠. 그 장점을 토대로 감사하면 되니까요. 골프선수 신지애는 이야기합니다. "나만 잘하는 게 있는데도 사람들은 못하는 것만 지적했고, 거기에 집중하다 보니 내 장점을 잃어버렸다. 재활하는 동안 나의 우승 영상을 보면서 내 장점에 집중한 것이 메이저 대회 포함 2주 연속 우승의 비결이다." 승승장구하는 것처럼 보인 프로골퍼도 열등감에 빠져 장점을 놓치고 있었네요.

그런데 아무리 찾아도 장점이 없는 것 같다면 '강점'을 찾아보면 됩니다. 장점이 아닌 강점이라고 하니까 뭔가 좀 이상하게 들리나요? 강점은 개인의 고유한 특성을 가장 잘 반영하는 개념인데, 예를 들면 친절함이나 창의, 열정이나 끈기, 용기와 신념 같은 걸 말해요. 앞에서 이야기한 감사하는 마음 역시 강점에 들어가죠. 사람들은 자기가 가진 강점을 발휘할 때 행복감을 느낍니다. 장점이나 재능은 안타깝게도 '별로 없는' 사람들이 있지요. 하지만 강점은 성격의 한 부분이기 때문에 '별로 없기'가 쉽지 않습니다. 장점 혹은 재능과 강점의 가장 큰 차이는, 재능은 썩힐 수 있지만 진솔함과 통찰력 같은 강점은 썩힐 수가 없다는 거예요. 성격의 한 부분으로, 삶에 그대로 드러나거든요.

무언가를 해낼 자신이 없나요? 『착하게 살아도 괜찮아』의 저자

카야마 리카가 들려주는 비법이 있습니다. "구체적이지 않은 일로 자신 없다 생각하지 않아야 합니다. 자신 없다는 말로 표현하는 건 되도록 구체적으로 한정해 보세요."

'난 고3 생활을 견뎌 낼 자신이 없어.' 이 말을 읽는 순간 기운이 훅 빠지는 것 같지 않은가요? 이걸 더 구체적으로 바꿔 볼게요. '고3이 되면 매일 밤 늦게 공부해야 하는데 너무 피곤하고 몸이 따라 주지 않을까 봐 걱정이 돼.'

어때요? 작지만 큰 차이가 보일 겁니다. 이렇게 해 보면 마냥 자신 없는 게 아니라 어떤 부분을 보완하면 될지가 분명해져요.

작은 일에 감사하기는 자신이 갖고 있는 것의 소중함을 발견하는 것과 같습니다. 만일 내가 갖고 있는 것이 소중하다면? 그걸 가진 나 자신은 그보다 몇 백배, 몇 천배로 더 소중한 법이죠. 작가 정채봉은 말합니다. "손톱 만한 냉이꽃이 함박꽃이 크다고 하여 기죽어 피지 않는 일이 있는가. 사람이 각기 품성대로 능력을 키우며 사는 것, 이것도 한 송이의 꽃이라고 나는 생각한다."

내가 오늘 서 있는 자리에서 찾아보는 감사는 내 삶에 꽃을 피웁니다. 누군가는 냉이꽃을 피우고 누군가는 함박꽃을 피우겠지요. 각자 나름의 아름다움으로 꽃을 피워 올릴 여러분의 모습을 기대해 봅니다. 불안증을 앓는 작가를 치료하는 의사가 환자에게 해 준 이야기를 들어 보세요.

"당신은 당신 생각보다 더 능력 있는 사람이에요. 항상 자신 없어 했지만 많은 것을 해냈잖아요. 난 당신이 잘 버텼고, 아주 잘 살고 있다고 생각해요. 당신은 자신을 좀 더 높이 평가할 자격이 있어요."

이 이야기를 오늘 나에게 들려줄 수 있다면 좋겠습니다.

"나는 내 생각보다 더 능력 있는 사람이야. 항상 자신 없어 했지만 많은 것을 해냈잖아. 나는 내가 잘 버텼고, 아주 잘 살고 있다고 생각해. 나는 나를 좀 더 높이 평가할 자격이 있어."

8단계 ▶ 감정 표현하기

이번에는 무기력한 여러분에게 위로가 될 이야기를 들려주려고 합니다.

"괜찮아요!"

힘들어도 괜찮고, 불안해도 괜찮아요. 이건 내가 힘들거나 무기력한 게 별거 아니라는 뜻이 아닙니다. 힘들다는 건 내 힘으로 할 수 없어 지쳐 떨어지는 것, 사람이라면 누구든 겪을 수 있는 모습이란 뜻입니다. 무기력하지 않은 척, 힘이 펄펄 나는 척, 그냥 멀쩡한 척 할 필요가 없다는 뜻이기도 하구요.

애니메이션 〈인사이드 아웃〉에 나오는 다섯 가지 감정 기억하세요? 기쁨, 슬픔, 버럭, 까칠, 소심. 사랑스러운 기쁨이의 모습과 달라도 너무 다른, 뭉기적거리면서 꼼짝도 않으려는 슬픔이. 대체 왜 저

모양이냐, 저런 감정은 왜 존재하는지 이유를 모르겠다 싶을 수 있어요. 스포일러가 되겠지만, 중요한 이야기라 다루고 넘어가려고 해요.

슬픔이와 기쁨이는 뜻하지 않게 본부에서 나온 뒤 길을 잃고 헤매고 있었어요. 그들은 기억의 회랑에서 어린 시절 상상의 친구 빙봉을 만나죠. 빠져나갈 방법을 찾느라 이런저런 시도를 하다가 다 실패한 것처럼 보이니까 빙봉은 주저앉아서 울어 버립니다. 기쁨이는 빙봉의 기분을 띄워 주려 하지만 아무런 도움이 되지 않았어요. 그때 나선 슬픔이. 빙봉이 자기가 얼마나 속상하고 아픈지 울면서 이야기하는 동안 슬픔이는 함께 슬퍼하면서 눈물을 흘리죠. 슬픔이에게 자기 속을 다 털어놓고 난 빙봉은 깜짝 놀랍니다. "와, 마음이 좋아졌는걸?" 슬픔이가 한 말에 다시 귀 기울여 볼게요. "울면 마음이 차분해지고 심각한 문제를 이겨 내게 돼." 어때요, 마음에 와 닿지 않나요? 살다 보면 슬픔과 눈물이 없으면 좋겠다 싶은 순간이 매우 많지만, 비가 한 방울도 오지 않으면 사막이 된다고 하잖아요. 슬퍼하지 않는 것은 설령 내가 간절히 바란다고 하더라도 내 마음대로 되는 게 아니거든요. 그러니 여러분, 지치고 힘들면 슬퍼해도 괜찮습니다.

아프면 아프다고 말해도 괜찮습니다.

힘들면 힘들다고 말해도 괜찮아요.

그러다가 우울증에라도 걸리면 어떡하냐구요? 걱정 마세요. 우울증에 걸린 사람들이 힘들다고 말하는 건 사실이지만, 힘들다고 말하는 모든 사람이 우울증인 건 아니니까요. 그러니 지치고 속상할 때는 힘들다고 말해도 괜찮습니다. 거기에 계속 빠져 있지 않으면 됩니다. 실컷 울고 마음이 차분해지면 무기력한 마음을 몰아낼 힘이 생길 거예요. 파도같이 밀려오는 마음속 감정들을 받아들이기로 결심해 보세요.

힘들다고 말하는 건 독백이어도 좋지만, 바로 옆에서 나의 한숨소리에 귀 기울여 줄 수 있는 사람이 있다면 더 좋아요. 그야말로 무기력에서부터 빠져나오는 결정적인 기회가 될 수도 있습니다. 그러기 위해서는 내가 힘들다고 말할 때 나를 도와줄 수 있는 사람을 찾아야겠지요. 카우아이 섬의 탄력성 연구라는, 유명한 실험을 소개합니다. 카우아이는 하와이제도의 6대 섬 가운데 네 번째로 큰 섬입니다. 섬이라는 특성 때문에 거기서 나고 자란 사람이 많습니다. 사회인구적 조사를 하기에 최적의 장소인 셈입니다. 1955년에 이 섬에서 태어난 신생아들은 833명이었다고 합니다. 연구자들은 이 가운데 가장 열악한 환경에서 자란 201명을 추적 조사했습니다. 모두 극빈층에 심한 가정불화를 겪고 있는 집의 아이들이었습니다. 부모님은 알코올 중독 아니면 정신질환을 앓고 있었습니다. 자, 시간이 흐르고 이들이 어떻게 되었을까요? 언뜻 생각하기에는 이 201명 모두가 사회에 적응하지 못하는 어른으로 자랐을 것 같죠. 결과는 그렇지 않았습니다. 72명의 아이들, 대략 3분의 1에 해당하는 아이들이 바르고 꿋꿋하게 자라나 자기 몫을 하는 어른이 되었습니다. 이들에게는 딱 하나의 공통점이 있었다고 합니다. 그 아이를 이해하고 받아 주는 사람이 적어도 한 명 이상 있었다는 거예요. 환경은 비록 엉망이었지만 그들을 진심으로 사랑하고 응원하고 조언해 주는 지원군, 그들이 베풀어 준 무조건적 사랑의 힘은 한 사람의 인생을 바꿔 놓았습니다. 이 이야기를 무기력에 지친 여러분의 것으로 가져온다면 어떨까요? 내 옆에 누군가 딱 한 명만 있으면 힘을 낼 수 있습니다. 아, 잠깐만, 뭐라구요?

"누군가 있었으면 저도 이렇게까지 힘이 빠지지 않았을 거라구요. 아무도 없는 걸 어떻게 해요?"

부모님이 '사랑과 힘을 주는 그 한 사람'이면 제일 좋죠. 만일 현실이 그렇지 않다면, 대대로 내려오는 우리 속담을 되새기고 넘어가면 좋겠습니다. "우는 아이 젖 준다"는 속담, 들어 보셨을 거예요. 가만히 있어서는 상황이 바뀌지 않는다는 뜻이에요. 자, 이제부터 힘들면 힘들다고 이야기하고, 도움이 필요하면 도와 달라고 얘기해 보기로 결심하면 좋겠습니다. 나에게 도움과 사랑을 주는 그 사람이 꼭 부모님일 필요는 없습니다. 누군가에게는 그 사람이 친구일 수도 있고, 동네 의사 선생님, 학교나 학원 선생님, 나에게 도움을 줄 기회를 기다리는 선배나 어른일 수도 있습니다. 물론 내가 도와 달라고 요청하기 전에 그들이 먼저 알아서 도와준다면 그보다 더 좋을 수는 없겠죠. 그렇지만 그런 일이 일어나지 않을 수도 있어요. 여러분도 언젠가 알게 될 '어른의 비밀'을 여기서 먼저 귀띔해 드리죠.

어른들도 완전하지 않기 때문에 여러분이 힘든 걸 모를 수도 있구요. 힘든 걸 알아도 도와주겠다고 나섰다가 여러분에게 상처를 줄까 봐 망설일 수도 있어요. 도와주고 싶은데 어떻게 도와주어야 할지 모르는 경우도 있답니다.

그러니 여러분들이 먼저 그분들에게 기회를 드리세요. 내가 힘들다는 걸 알리고, 도와 달라고 하고, 좋은 아이디어가 떠오르면 그게 맞든 틀리든 이야기를 해 보는 거예요. 하버드 대학교의 조지 베일런트 교수는 어렸을 때 정서적으로 불안정했지만 노년기를 행복하게 보낸 사람들을 대상으로 연구를 했습니다. 그가 발견한 행복한 삶의 두 가지 요소는 이렇습니다. 하나는 '사랑'이고, 또 하나는 '상대의 사랑을 밀어내지 않는 태도'였습니다. 내가 먼저 나서서 사랑할 수 있다면 제일 좋지만, 만일 그게 너무 어렵다면 적어도 다른 사람이 나를 사랑하려고 할 때 도망치거나 다 필요 없다고 으르렁거리는 일만이라도 안 하면 좋겠습니다. 이게 바로 다른 사람의 사랑을 밀어내지 않는 태도지요. 엇, 다시 모기 만한 소리가 들려오는군요!

"그러면 어른들에게 부담만 줄 것 같은데요? 저를 돕는다고 해서 그분들에게 무슨 이득이 있겠어요?"

흠, 하긴 그렇게 생각할 수 있습니다. 그런데 누군가에게 내 인생을 바꿀 기회를 주는 건 나에게만 이득이 되는 게 아니랍니다. 그 과정을 통해 나에게 도움을 주는 그 사람의 인생도 바뀌거든요. 이제부터 도움을 주는 사람의 이야기로 넘어가 볼게요.

9단계 ▶ 돕고 나누기

두 사람이 산행을 하다가 길가에 쓰러져 있는 사람을 발견했습니다. 이미 날은 어두워지기 시작했고, 추위와 눈보라로 걷는 것조차 힘든 상황이었죠.

"정신 차리세요! 여기 계속 누워 있으면 큰일 난다구요!"

소리치면서 흔들어 봤지만, 쓰러진 사람은 잠시 눈을 뜨고 웅얼거리더니 다시 잠에 빠지듯 늘어지고 말았습니다. 둘 중 한 명이 말했습니다.

"이 사람을 데리고 가야겠어. 여기 있으면 금방 얼어 죽고 말 거야."

다른 사람이 말했습니다.

"나 혼자 걷기도 힘든데 이 사람까지 돕다가 더 큰일 나면 어쩌려고? 안 되겠어, 나는. 미안하지만 먼저 갈게."

혼자 남은 사람은 쓰러진 사람을 흔들어 깨워 등에 업고 산행을 합니다. 의식을 잃은 사람이니 무게가 상당해서 다리가 후들거렸습니다. 몇 번이나 미끄러져 넘어지면서 위험한 순간을 맞았지만 가까스로 일어날 수 있었습니다. 끝까지 포기하지 않고 밤새 산길을 걸어서 베이스캠프 근처에 도착했을 때, 길가에 쓰러진 사람을 또 발견했습니다.

"엇, 저 사람은?"

자신을 두고 먼저 떠났던 사람이었습니다. 그는 미처 베이스캠프에 도달하지 못하고 동사한 상태였습니다. 쓰러진 사람을 업고 간 사람은 그 사람을 구조하느라 땀을 흘리며 애를 쓰는 동안에 자기도 모르게 동사할 위험을 모면했습니다. 개인심리학에서는 제아무리 성격적 결함이 있는 사람이라 하더라도 사회에 공헌하고 싶어하는 마음이 있다면, 그리고 다른 이들을 돕고 싶은 마음이 있다면 그런 결함까지도 충분히 좋아질 수 있다고 합니다. 자신의 장애와 어려움을 없애는 데만 골몰하는 사람이 오히려 치유가 더 늦다고 하죠.

남을 돕는 사람들은 그 과정 가운데 스스로를 돕고 있는 겁니다. 앞에서 다른 사람들에게 도와 달라고 이야기하기를 망설이지 말자고 했죠? 그 사람이 날 돕는 건 손해 보는 게 아니라 그 사람 자신도 돕는 것이기에, 망설임 없이 도움을 요청하는 용기를 냈으면 좋겠습니다.

내친 김에 여러분도 다른 사람들을 돕기로 마음먹어 보는 건 어떨까요?

"기운이 없어 아무것도 못 하겠는데 어떻게 남을 도우라는 말씀이세요?"

그래요, 그 말도 일리가 있어요. 하지만 우울증에 빠진 사람이 억지로라도 다른 사람을 위해 봉사를 시작하면 우울증의 고통에서 빠져나오기가 한결 쉬워진다는 건 어떻게 생각하세요? 게다가 조금이라도 아파 본 사람이라면 다른 사람의 아픔이 그냥 넘겨지지 않습니다. 무기력한 게 얼마나 고통스러운지 뼈저리게 느껴 본 사람은 무기력한 다른 친구를 돕는 게 얼마나 중요한지 잘 알고 있습니다. 그러니 여러분, 내가 좋아지고 난 뒤에 다른 친구들을 돕겠다고 생각하지 말고 지금 바로 남을 돕기 시작하세요. 20세기 문학의 구도자로 불리는 니코스 카잔차키스는 『그리스인 조르바』에 이런 유명한 구절을 남겼습니다. "자신을 구하는 유일한 길은 남을 구하고자 애쓰는 것이다."

그러니 다른 사람들을 돕는 일을 지금 시작해 보세요. 아주 작은 일이어도 괜찮습니다. 다른 사람의 기분을 조금이라도 나아지게 하거나, 또는 그 사람이 처한 상황이 나아지도록 도울 때 드는 특별한 감정이 있어요. 뿌듯함과 자랑스러움이라고 하면 와닿을까요? '내가 다른 사람을 돕다니! 나 그래도 쓸모 있는 사람이구나! 괜찮은 사람이었어!'

여기에서 전문용어 한 토막 배우고 갑시다. '자기효능감'(self-efficacy)이라는 용어가 있습니다. 주어진 과제를 완수하고 목표에 도달하는 자신의 능력에 대한 신념을 말하지요. 어떤 상황에 놓이든 자신이 적절한 행동을 할 수 있다는 기대와 신념입니다. 효능이 있다, 라는 말은 효과를 발휘한다는 뜻이잖아요? 과식한 날, 소화제 한 알 먹고 속이 편안해진다면 소화제가 효능을 발휘한 거죠. 자기효능감은 자신이 효력을 발휘할 수 있는 존재라고 믿는 것을 말합니다.

자기효능감은 거창한 상황에서만 경험하는 것이 아닙니다. 보고 싶은 TV 프로가 있고 낮잠도 자고 싶고 학원 숙제도 해야 하고 친구랑 통화도 해야 하는, 나에게 주어진 온갖 일들을 차곡차곡 정리해서 해낼 수 있다고 믿는 것이 자기효능감입니다. 자신에게 주어진 일들을 해결하는 동안에도 자기효능감을 느끼지만, 다른 사람들을 도울 때 느끼는 자기효능감은 더욱 큽니다.

'그래, 내가 친구한테 도움을 줬어.'

'나 때문에 그 친구가 좋은 쪽으로 결정했다는 게 기분 좋아.'

내가 다른 이들에게 꼭 필요한 사람이라는 걸 확인하는 동안 나는 나의 존재 가치를 다시금 발견하게 됩니다.

서울시 외국인 부시장 명예고문인 몽골 주부 온드라흐의 이야기를 들어 보시겠어요? 온드라흐는 출입국 관리 사무소에서 자원봉사할 기회가 생겨서 외국인에게 정보를 안내하는 일을 하게 되었습니다. 한국이라는 낯선 땅에 와서 다른 사람의 도움만 받다가, 누군가에게 도움을 줄 수 있다는 게 놀라웠다고 하더군요. 나를 필요로 하는 곳이 있다는 자부심, 할 수 있다는 자신감, 좋은 일을 해서 얻는 뿌듯함 등 말로 표현할 수 없는 묘한 기분이 들었다고 합니다. 작은 것을 나눴을 뿐인데 자신이 더 많은 것을 받았다며 이렇게 말했어요. "사실 제가 그들을 돕는 게 아니라 서로에게 끝없는 관심을 보여 주는 과정임을 배웠습니다."

끝으로 여전히 도울 만한 사람을 찾지 못해 헤매고 있는 친구들을 위한 특별한 해결책을 소개합니다. 제대로만 도와준다면 가장 확실한 열매를 얻을 수 있는 사람이 아주 가까이에 있답니다. 그게 누군지 아세요? 바로 '나'예요! 내가 나를 돕는 겁니다. 영화 〈3096일〉은 10살 때 납치되어 8년간, 정확히는 3096일 동안 납치범에게 붙들려 감옥 생활을 해야 했던 오스트리아 소녀 나타샤 캄푸쉬의 동명 자서전을 토대로 만든 영화입니다. 나타샤는 듣기만 해도 끔찍한 일을 당했지만 극적으로 탈출해 다시 세상에 돌아올 수 있었습니다. 인생의 중요한 시기 동안에 상상도 하기 힘든 일을 겪었으니 제대로 사람 구실이나 할 수 있을까, 하는 주변의 우려와는 달리 나타샤는 꿋꿋하고 용감하게 세상에 적응하는 길을 선택했습니다. 고립 상태에서 어떻게 그렇게 오래 견딜 수 있었느냐는 질문에 나타샤는 이렇게 대답했습니다.

"나는 미래의 나와 계약을 맺었어요. 성장하고 힘이 강해진 미래의 내가 지금의 작고 힘없는 나를 지하실에서 해방시켜 주기로 말이에요. 얼른 나이를 먹어서 더 강해지고 힘이 세지는 날이 오면 나 자신을 풀어 주리라 다짐했어요."

오늘 우리가 겪는 여러 가지 어려움들은 나타샤가 겪었던 감옥 생활보다는 낫겠지요. 그렇지만 다른 사람의 부러진 다리보다 내 손톱 아래 가시가 더 아픈 법. 오늘 내가 힘들어하는 일에 대해 내가 나에게 이런 위로와 약속을 건네 보면 어떨까요?

"나는 미래의 나와 계약을 맺었어요. 성장하고 힘이 강해진 미래의 내가 지금의 작고 힘없는 나를 (공부 지옥에서/ 날 괴롭히는 녀석들의 손아귀에서/ 벗어나고 싶은 우리 집에서) 해방시켜 주기로 말이에요. 얼른 나이를 먹어서 더 강해지고 힘이 세지는 날이 오면 나를 풀어 주리라 다짐했어요."

내가 나를 도와준다는 게 너무 막연한가요? 어떤 때 기분이 좋았는지, 어떤 때 스트레스가 풀렸는지 기억을 더듬어 보고 나를 위해 그것들을 해 보는 것도 한 가지 방법입니다. 소소하고 새로운 것들을 시도해 보는 것도 좋습니다. 아르바이트를 해 보거나, 악기를 배우는 것도 도움이 되지요. 애니메이션 대사를 조금 더 잘 알아듣기 위해 일본어를 배워 보거나, 어릴 때 놀림당했던 기억 때문에 손도 대지 않았지만 은근히 끌리는 그림 그리기에 다시 도전해 볼 수도

있겠죠.

마지막으로 '언제나 내 편 들어주기'도 잊지 않았으면 좋겠습니다. 나에게 가장 가시 돋친 말을 던지는 사람은 다른 사람이 아닌 바로 나 자신인 경우가 많습니다. 무기력에 빠졌다가 이제 겨우 공부에 재미를 붙이기 시작한 친구가 있는데 "야, 30분 공부한 게 무슨 공부냐? 그러려면 때려치워라!" 같은 이야기를 해 줄까요? 아닐 겁니다. 그런데 그런 말을 나한테는 한단 말이죠! 그러니 적어도 나만큼은 내 편을 들어주기로, 내가 나를 돕기로 결심하면 좋겠습니다.

무기력 코끼리 흔적 정리하기

10단계 ▶ 잘 자고 잘 쉬기

앞에서 아홉 단계를 잘 거쳐 왔다면 이제 무기력 코끼리는 저 멀리 멀어졌을 거예요. 지금부터는 여러분 곁에 남아 있는 무기력 코끼리의 흔적을 하나씩 정리해 봅시다. 정리하는 방법은 바로 '쉼'입니다. 우리 모두는 재충전의 시간이 부족하면 병이 나고 마는, 약한 존재입니다. 스트레스가 너무 많으면 정신적으로든 육체적으로든 버틸 힘이 떨어지게 마련입니다. 그래서 스트레스에 제대로 대처하기 위한 지혜가 필요합니다. 여유로운 시간에 자신과 주변을 살피는 연습을 해 보세요.

무기력 코끼리의 흔적을 지우는 첫 단계는 '제대로 자기'입니다.

UC 버클리 대학의 연구 결과에 따르면 푹 잘 자는 사람이 그렇지 못한 사람에 비해 문제 해결 능력이 높고 상대에 대한 감사를 더 자주 표현했다고 합니다. 우리는 제대로 자야 합니다. 숙면이야말로 가장 강력하고도 완전한 휴식입니다. 잠을 자는 동안 우리 뇌는 낮동안 있었던 경험들을 정리하고, 저장할 것들과 폐기할 것들을 분류합니다. 혹시 벼락치기 공부를 하면서 날밤을 꼴딱 새울 작정을 하고 있는 사람이라면 새벽에 잠깐이라도 자는 게 훨씬 낫다는 것, 기억해 두세요.

두 번째는 '제대로 쉬기'입니다. 『삶에서 가장 중요한 것』이라는 책을 쓴 존 러벅은 "휴식은 게으름과는 다르다. 나무 그늘 밑 풀밭에 누워 물소리를 듣거나 파란 하늘에 유유히 떠 가는 구름을 바라보는 것은 결코 시간 낭비가 아니다"라고 이야기했어요. 하루쯤 온전히 게을러도 큰일 나지 않는다는 말이에요. 심리학자 롤로 메이는 요즘 사람들이 휴식에 의심과 죄책감을 느낀다고 말합니다. 휴양지로 떠나면서도 건강상의 이유를 달아야 마음이 편하다고 하죠. 그렇지만 우리 몸은 쉼을 누리도록 설계되었습니다. 뇌 과학자 모기 겐이치로는 적절한 게으름을 생각의 빈주머니에 비유합니다. 우리 뇌는 조급할 때는 습관화된 방식으로 문제를 풀지만, 충분히 이완되어 있을 때는 열린 사고를 한다고 합니다. 그의 저서 『창조성의 비밀』에는 뇌가 긴장을 풀고 편안하게 쉴 수 있는, 다소 지루한 시간과 공간을 즐기는 경향이 있다는 이야기가 나옵니다.

또, 뇌는 지루해지면 무언가를 만들어 내려고 자발적으로 활발하게 움직입니다. 반면, 과부하에 걸린 뇌는 새로운 아이디어를 내지 못하고 다람쥐 쳇바퀴 돌 듯 같은 방식으로 문제에 접근한다고 합니다. 그러니 자발적인 쉼, 쉼표의 시간을 뇌에게 선물해 보면 어떨까요?

독일 프로축구 코치였던 랄프 랑닉은 정상을 달리던 2011년에 돌연 일을 포기하기로 선언했습니다. 탈진과 불면으로 더 이상 일상생활을 할 수 없었기 때문인데요. 그렇게 떠났던 그는 2012년 6월에 축구 팀 감독으로 화려하게 복귀합니다. 그가 슬럼프를 이겨 내기 위해 했던 일들을 들어 볼까요?

"위기를 극복하려면 몇 가지 기본적인 것들을 꼭 지켜야 합니다. 바로 잘 쉬기, 잘 먹기, 시간 내어 짬짬이 운동하기입니다. 반드시 규칙적으로 쉬어야 해요. 그것이 가장 중요한 포인트입니다. 식사할 때마다 그릇 옆에 휴대전화를 끼고 있을 필요는 없어요. 가족과 함께 쉴 때 휴대전화를 꺼 놔도 팀이 망하지는 않지요. 특히 우리처럼 운동업계에 종사하는 사람들일수록 더욱더 자신을 돌보고 자기관리에 철저해야 합니다."

그는 한창 잘나가던 때 몸과 마음이 와르르 무너지면서 얻게 된 큰 깨달음으로 규칙적인 휴식 시간의 중요성을 꼽았는데요. 이를 우리 이야기로 바꿔 보면 이렇게 되겠죠.

"위기를 극복하려면 몇 가지 기본적인 것들을 꼭 지켜야 합니다. 바로 잘 쉬기, 잘 먹기, 시간 내어 짬짬이 운동하기입니다. 반드시 규칙적으로 쉬어야 해요. 그것이 가장 중요한 포인트입니다. 식사할 때마다 그릇 옆에 휴대폰을 끼고 있을 필요는 없어요. 가족과 함께 쉴 때 휴대폰을 꺼 놔도 인생이(친구 관계가) 망하지는 않지요. 특히 우리처럼 사춘기를 지나는 사람들일수록 더욱더 자신을 돌보고 자기관리에 철저해야 합니다."

휴대폰 이야기가 나온 김에 덧붙이고 싶은 게 있어요. 제대로 쉬려면 휴대폰도 쉬게 해 주어야 합니다. 이 말이 불편하게 들리는 사람은, '금단' 증상을 겪고 있는 중일지도 모릅니다. 금단 증상이란 그 행동을 안 하고 있을 때 좀이 쑤시면서 마구 하고 싶어지는 현상을 말하지요. 알코올 중독자는 술을 마시다가 안 마실 때 엄청 술 생각이 난다고 하거든요. 흡연 중독인 사람은 담배를 끊으면 담배가 생각나서 쩔쩔 맵니다. 휴대폰을 집에 놓고 왔을 때 휴대폰이 보고 싶어 좀이 쑤신다면 그야말로 중독이 되었다는 것을 인정하는 거나 마찬가지예요. 노모포비아라는 말이 있습니다. no, mobile, phobia 를 합성한 신조어로 휴대폰이 가까이 없으면 불안감을 느끼는 증상을 말합니다. 이건 몇몇 사람들만의 특별한 증상이 아니라 수많은 사람들이 지금 이 순간도 경험하는 증상입니다. 하지만 우리는 이런 불안감을 느끼며 살아야 할 이유가 없어요. 휴대폰 중독에서 벗어난 사람들이 털어놓은 이야기를 보면, 처음에는 쉽지 않았지만 시간이 지날수록 마음의 여유를 느낄 수 있어서 좋았다고 합니다. 그동안 잊고 살던 흥미로운 일들이 눈과 귀에 들어오고, 비로소 살아 있는 느낌이(!) 들었다고 하더군요.

뭘 하면서 쉬면 좋을지 도무지 감이 오지 않는다구요? 정답은 없어요. 그렇지만 팁은 드릴 수 있습니다. 평상시 뭘 하면서 쉬었을 때 가장 즐거웠는지, 한번 생각해 보세요. 그리고 그렇게 쉬면서 새로운 일을 시작할 에너지가 생겼다면 그게 바로 좋은 쉼이에요. 어떤 형태의 쉼이 나에게 맞는지 찾고 싶다면 평상시와 아주 다른 행동을 해 보는 것도 좋아요. 죽치고 앉아 있는 걸 좋아하던 사람도 농구 한 게임 하는 게 자신에게 필요했던 쉼이라는 걸 알게 될 수도 있거든요.

4부

무기력 코끼리와
헤어지는
10가지 방법 |실전 편|

자, 지금부터는 실제로 무기력 코끼리와 헤어지는 연습을 해 볼 거예요. 필기도구를 준비하는 게 좋습니다. 휴대폰이나 컴퓨터에 기록하는 게 편한 사람이라면 그렇게 해도 괜찮아요.

1. 내가 지금 얼마나 무기력한지 깨닫기

내가 지금 무기력하다는 선언을 적어 보세요.

예) 나는 다른 게 아니라 무기력한 거였다. 핑계 댈 것도 없다.
　　무기력한 것뿐이었다.

_____

_____

무기력하다고 말해도 괜찮습니다. 말하지 않는다고 해서 무기력하지 않은 건 아니거든요. 사실 말로 표현하지 않았다 뿐이지, 내 안의 나는 내가 무기력하다는 사실을 뼈저리게 느끼고 있어요. 그러니 이제 솔직하게 표현해 보세요. 나는 무기력한 거였다구요.

2. 무기력에서 벗어나기로 결단하기

무기력한 상태로부터 벗어나겠다는 나만의 결심을 적어 보세요.
예) 나는 지금 당장 무기력한 나에서 달라지기로 결심한다. 나는 할 수 있다.

_____

_____

_____

여기서 기억할 게 있어요. '무기력으로부터 벗어나기'보다는 '나 스스로 결심하기'에 무게중심이 있다는 거예요. 엄마 아빠가 공부 좀 하라는 잔소리가 나만의 결심으로 연결되기는 쉽지 않죠. 다른 사람들이 다 움직이니까 나도 움직여야지, 하는 건 다른 누군가의 압박 때문에 하는 결단보다는 좀 낫긴 합니다. 그렇지만 옆 사람 눈치를 보면서 움직이는 건 오래 가지 못할 수 있어요. 다른 누가 대신해 줄 수 없는 '나만의 결심'이 필요합니다. 내 마음 깊은 곳의 내가 어떤 결심을 하고 싶어 하는지, 내 마음의 소리에 귀를 기울여 보세요. 소란스러운 바깥의 소리 때문에 잘 듣지 못하던 내 안의 소리들이 목청을 높일 기회를 만들어 주는 거예요.

3. 목표 설정하기

하고 싶은 게 무엇인지, 어떻게 살고 싶은지 구체적으로 적어 보세요.

> 예) 나는 재미있게 살고 싶다. 지금까지는 정말 재미있는 일이 없었다.
> 뭘 어떻게 해야 하는지는 잘 모르겠지만 재미있게 살겠다는 결심만은
> 분명하다.

_____

_____

_____

막연하다면, 아래의 빈칸을 채워 넣으면서 무엇을 하고 싶은지 찾아보세요.

> 예) ① 문제 정의 : 내가 해야 할 일이 뭐지? _____를 하는 거야.
> ② 문제 접근 : 이걸 하려면 어떻게 해야 하지? _____를 해야겠다.
> ③ 답변 선택 : 이 상황의 답은 _____야.
> ④ 나에게 해 주는 칭찬 한마디 :
> 야, 잘했어! 별거 아닌 거 같다구? 여태껏 아무것도 안 한 거랑
> 비교해 봐. 얼마나 큰 차이인데! 0과 1의 차이는 무한대.
> 0과 0.001의 차이도 무한대거든!

'나의 결심'이 중요했던 것처럼 '나의 목표'를 세우는 것도 중요합니다. 꿈이 무엇이었나요? 단 한 번도 꿈꾸어 본 적 없는 사람은 없을 거예요. 잊고 있던 꿈의 기억을 더듬어 보세요. 직업을 결정하라는 말이 아니에요. 직업은 살아가는 데 중요한 역할을 하지만 어디까지나 꿈꾸는 삶을 살기 위한 도구일 뿐이거든요. 그냥 내가 어떻게 살고 싶은지 가만히 생각해 보세요.

4. 뭐라도 시작하기

지금 내가 할 수 있는 것들을 떠올려 보고 중요한 순서대로 적어 보세요.

예) 침대 위 이불 개기 / 내일 학교 갈 때 들고 갈 가방 정리
책상에 15분간 앉아서 문제집 풀기

_____

_____

_____

오늘 할 수 있는 일에만 집중하는 게 좋아요. 가능하면 일부러라도 단순하게 생각해 보세요. 나는 무기력에서 이제 겨우 빠져나올까 말까 하는 중이니까요.

이게 가능한 사람이라면, 내일 할 일들을 시간대별로 적어 보세

요. 그리고 내일 일과를 마칠 때 실제로 한 일과 그 일들에 대한 평가, 즉 얼마나 즐거웠는지 또는 얼마나 해냈는지 기록해 보세요. 여기서 '얼마나'의 기준은 나예요. 다른 사람 눈치 보지 마세요.

즐거움과 해냄(성취)은 의미가 달라요. 아래 예의 친구를 보면, 세수하고 학교 가는 게 아주 즐겁지는 않았지만 세수를 제대로 했고 학교에 지각한 것도 아니라면 해냄 점수는 높겠죠? 오전 수업 시간이 그렇게 재밌지 않았지만 최소한 절반 넘게 들으려고 했다면 해냄 점수를 6점 정도로 줄 수 있을 거예요.

시간	내일의 계획	얼마나 즐거웠나? (10점 만점)	얼마만큼 해냈나? (10점 만점)
AM 7시~8시	일어나서 세수하고 학교에 간다.	5점	9점
8시~9시	수업 듣기 전에 예습을 한다.	4점	5점
9시~12시	수업을 듣는다	3점	6점
12시~1시	급식을 먹으면서 잠시 쉰다.	7점	8점
1시~4시	수업을 듣는다	5점	7점
4시~7시	친구랑 학교 앞에서 저녁을 먹고 논다.	9점	10점
PM 7시~9시	학원에서 공부한다.	5점	7점
9시~10시	집에 와서 씻고 정리한다.	6점	9점

| 10시~11시 | TV를 보거나 컴퓨터를 하면서 잠시 쉰다. | 8점 | 8점 |
| 11시~AM 7시 | 푹 잔다. | 7점 | 9점 |

주의) 시간과 계획은 그 전날 미리 적고, 즐거움과 해냄은 다음 날 실제로 그 일을 한 뒤에 평가하는 거예요!

이렇게 적어 보면, 무기력해서 아무것도 못 하고 있는 줄 알았던 내가 사실은 생각보다 많은 것을 하고 있었다는 걸 눈으로 보게 될 거예요. 우리의 생각은 정말 힘이 세요. '난 무기력해'라고 생각하면 온몸에 힘이 다 빠져나가는 것 같은 느낌이 들구요. '엇, 뭐야. 꽤 많은 걸 하고 있잖아? 어쩌면 아주 무기력한 건 아닐지도 몰라'라는 생각이 들면 몸에 힘이 들어오는 느낌을 받을 수 있어요. 이런저런 할 일들을 찾아보는 것 못지않게 중요한 건 그런 일들을 통해 내가 '즐거움'과 '해냄'을 경험할 수 있다는 사실이에요.

5. 삶의 잔재미 찾기

최근에 신나게 웃어 본 적 있나요? 어떤 때 기쁘고 행복했나요? 행복이란 거창한 말에 주눅이 든다면 잔재미를 느꼈던 기억을 떠올려 보세요.

예) 땀 흘리면서 농구 한판 하고 나면 기분이 좋다.

이번 주말에는 한강 공원에라도 나가 봐야지.

좋아하는 웹툰이 있었는데 잊고 있었다. 새로운 에피소드가
나왔는지 찾아봐야지.

사람이 행복을 느끼는 건 대단한 이벤트를 통해서가 아니라고 해요. 비싼 해외여행을 가면 엄청 행복할 것 같죠? 물론 그럴 수 있어요. 하지만 거기서도 행복을 느끼는 건 아주 작은 순간들이에요. 같이 있는 사람과 함께 웃으면서 마주 보는 일, 지도를 들고 헤매며 맛집을 발견하는 일, 기대했던 음식이 나왔을 때 한 입 떠서 먹는 일…. 결국 작은 순간들이 모여서 큰 그림을 이루죠. 내 삶의 작은 순간마다 깃들어 있는 작은 행복들을 찾아보세요. 행복을 발견하기 위한 안테나를 켜고, 어릴 때 보물찾기 하던 것처럼 삶의 곳곳을 들여다보세요.

6. 긍정적으로 생각하기

심리학자 CB 뉴컴은 말합니다. "우리 귓전에는 늘 두 가지 목소리가 들린다. 두려움의 목소리와 자신감의 목소리다. 하나는 감각들

이 만드는 큰 소리지만 다른 하나는 고매한 자아가 들려주는 속삭임이다." 그렇다면 어떤 목소리에 귀 기울이기를 선택해야 할까요? 내 안에 울려 퍼지는 요란한 소리와, 자아가 들려주는 다정한 속삭임을 적어 보세요.

> 예) 나는 실패자야 vs. 잘 못해도 괜찮아. 그럴 수도 있지.
> 뭘 해도 재미가 없어 vs. 지금처럼 방구석에 틀어박혀 있으면
> 재미가 없는 게 당연해. 뭘 해도 재미가 없는 게 아니라
> 지금 내가 하고 있는 게 재미없을 뿐이야.
> 난 절대로 활기차게 살 수 없어 vs. 생각을 정리해 봤더니 아주
> 활기차지는 않아도 전보다는 낫다는 느낌이 들어.
> 이렇게 천천히 하면 될 것 같아.

_____

_____

_____

만일 그래도 잘 모르겠으면, 내가 나에게 하는 말이 아니라 내 옆에서 무기력으로 괴로워하고 있는 친구에게 전할 말을 생각해 봐요. 나 자신에게는 어떤 말을 해 주어야 할지 몰라서 헤매고 있을지 몰라도 친구에게, 그것도 내가 무척 좋아하는 친구에게 해 주어야 할 말이라면 조금만 애를 써도 떠올릴 수 있답니다. 힘을 북돋워 주기 위해 어떤 이야기를 들려줄지 생각해 보고 그 이야기를 나의 가장 친한 친구인 나 자신에게 들려주세요.

7. 감사의 힘 누리기

오늘 하루 감사할 일을 찾아 적어 보세요. 정말 힘든 하루를 보냈다구요? 그럴 겁니다. 우리가 사는 세상은 쉽지 않은 곳이니까요. 그런 날일수록 감사가 더 필요한 법입니다. 눈을 비벼서라도 감사거리를 찾아보세요. 내친 김에 적어도 세 가지는 찾아보도록 하죠!

> 예) 최소한 감기는 걸리지 않았어. 환절기인데도 말이지.
> 갑자기 학원이 일찍 끝나는 바람에 오랜만에 혼자만의 시간이 생겼어.
> 오늘 엘리베이터에서 만난 할머니한테 인사를 했는데 기특하다고
> 칭찬을 받았어. 기분이 좋아.

감사하기를 마친 사람은 나를 응원하는 말 한마디를 날려 봅시다. 손발이 오글거리는 부작용이 있더라도 꾹 참고 한번 해 봅시다.

> 예) 아직까지 다 믿어지지는 않지만 다들 그래도 괜찮은 사람이라고
> 해 주더라고. 나도 내가 괜찮은 사람이라고 생각하고 싶어.
> 내일은 더 괜찮은 하루였으면 좋겠어. 이런 노력들을 하는 것 자체가
> 내가 괜찮은 사람이라는 증거야.

우리는 사랑하는 사람들과 많은 시간을 보내면서 다른 사람의 도움과 격려를 받아야 하는 존재입니다. 그렇지만 다른 사람에게만 의지해서는 안 되죠. 나 역시 나를 돕고 격려할 수 있어야 합니다. 나 자신을 격려하고 칭찬하는 나만의 방법을 찾아 연습해 보세요. 다른 사람들을 믿듯이 내가 나를 믿어 주는 것도 시도해 볼 만한 방법이랍니다. 『프린세스 마법의 주문』으로 유명한 작가 아네스 안은 이렇게 말했습니다. "세상에서 가장 설득하기 힘든 것이 자신이다. 하지만 일단 자신과 합의가 이루어지면 가장 강한 힘을 발휘한다."

도저히 감사거리를 못 찾겠다구요? 특별한 팁을 알려드릴게요. 감사의 범위를 오늘 하루로 한정하지 마세요. 그리고 지금까지 살아오면서 제일 힘들었던 때를 떠올려 보세요. 힘든 순간을 떠올리라니 무기력한 사람에게 너무 가혹한 요구 아니냐구요? 마음 놓으세요. 힘들었던 때를 되새기며 그때보다는 지금이 낫다는 독백을 하라는 게 아니니까요. 여기서 필요한 건 "힘들었던 그때, 나는 어떻게 그 시기를 극복했지?" 하고 당시의 기억을 소환하는 것입니다. 이것을 학습 효과라고 하지요. 처음 넘어질 때보다 두 번째 넘어질 때 훨씬 더 잘 일어날 수 있는 법입니다.

예) 이전에 성적이 너무 많이 떨어졌을 때 가출까지 생각했던 적이 있다. 친한 친구에게 속마음을 얘기했더니 친구가 아낌없이 격려해 주었다. 친구의 도움으로 용기를 내서 엄마에게 성적 이야기를 할 수 있었다.

누구에게나 강점이라는 게 있다고 했죠? 장점 찾기가 어려운 친구들에게 강점을 찾는 방법을 소개합니다.

스트렝스 가든 http://www.strength5.co.kr/xe/

이 웹사이트는 강점을 통해 내가 어떤 사람인지 알 수 있게 도와줍니다. 이 강점 검사는 전세계 긍정심리학자들의 연구 결과를 토대로 한국인의 특성을 반영하여 개발한 검사입니다. 인터넷의 바다에 떠돌아다니는, 근거와 방법을 알 수 없는 심리검사와는 차원이 달라요. 긍정자원 검사는 무료로 할 수 있고 청소년, 성인 강점검사는 소정의 비용을 내고 인터넷으로 해 볼 수 있습니다.

8. 감정 표현하기

오늘 내가 느낀 감정들에는 어떤 것이 있나요? 좋은 감정, 나쁜 감정이 따로 없으니, 긍정적인 것이든 부정적인 것이든 모두 적어 보세요. 이왕이면 적어도 5~6가지의 감정은 적어 보는 게 좋습니다.

예) 친구랑 농구 게임하면서 느낀 즐거움, 아까 일이 꼬였을 때 느낀 짜증, 그럼에도 불구하고 다 마쳤을 때 느낀 뿌듯함, 실수로 동생을 다치게 했을 때 느낀 미안함, 동생이 내 사과를 받아 주었을 때 느낀 고마움, 숙제를 하지 않은 걸 깨달았을 때 느낀 철렁함

자, 이걸 다 마친 친구들이라면 한 발짝 더 나가 볼까요?

걱정하던 일이 실제로 일어났을 때 그게 정말 예상만큼 끔찍할까요? 상상 속의 나에게 말을 건네 보고 대답을 들어 보세요.

> 예) 부모님이 항상 말씀하신다. "너 그래서 어떻게 먹고살래?
> 대학은 나와야 취직을 하지." 그런데 실제로 대학에도 못 갔고
> 취직도 못 했다. 지금 나는 비참하다.
> 지금의 내가 상상 속 비참한 나에게 묻습니다. "정말 끔찍하지?"
> "응, 그렇게 기분이 좋은 건 아냐. 부모님 눈치가 보이고 친구들
> 보기에 창피하기도 하지만, 아직 인생이 끝난 게 아니잖아.
> 내 할 일을 찾아야지. 취업 센터에 가서 상담부터 받아 볼 거야."

_____

_____

_____

9. 돕고 나누기

심리학자 아들러는 이렇게 이야기했습니다. "우울증으로 힘들어하는 사람에게 나는 이런 처방을 내린다. '14일 만에 좋아질 수 있는 간단한 방법이 있습니다. 한 사람을 정해서 매일 그 사람을 어떻게 기쁘게 할 것인지 생각해 보십시오.'" 나는 누구를 어떻게 도울 수 있을까요?

> 예) 이번에 내 짝이 된 애는 나랑 통하는 부분이 많은 것 같다.
> 마니또 친구가 된 것처럼 생각하고 그 친구를 기쁘게 할 일들을

찾아봐야겠다. 물을 많이 마시던데 내 물 싸 갈 때 그 애 것도
한 병 더 싸 가야지.

내가 좋아하는 사람을 기분 좋게 하는 건 비교적 쉽죠. 그런데
그거 아세요? 내가 별로 좋아하지 않는 사람에게도 그런 노력을 해
볼 수 있고, 그때 느끼는 뿌듯함과 만족감은 좋아하는 사람을 위한
것보다 더 클 수 있다는 걸요. 별로 안 좋아하는 사람에게도 잘해
줄 수 있는 나의 넓은 마음을 보면서 자뻑(?) 하는 그 순간의 만족감
도 있구요. 그러다가 그 사람과 관계가 회복된다면 불편한 관계 가
운데 느끼던 마음의 갈등이 줄어드니까 보너스 효과도 있지요.

10. 잘 자고 잘 쉬기

정말 제대로 쉬어 본 기억이 있나요? 잘 쉬려면 그냥 널부러지는
게 아니라 해야 할 일을 정리하는 게 우선입니다. 단순하지만 명쾌
한 방법은 할 일을 아주 작은 단위로 나누는 거예요. 수업 시간마
다 정신이 산만해진다면 '앞부분에 딱 10분만 집중해서 듣자' 같은
식으로 말이죠. 기한을 정하는 것도 방법입니다. '금요일까지만 노력

하자.' 그리고 정해 둔 기간이 끝나면 제대로 쉬어야 합니다.

예) 이번 주말에는 듣고 싶었던 노래를 들으면서 마음껏 뒹굴거려야지.

　　스트레스를 받는 시간과 그렇지 않은 시간이 어떤 비율로 내 삶을 채우고 있는지 점검해 보세요. 스트레스 받는 시간을 없앨 수 없다면, 긴장을 탁 풀어 버린 편안한 시간을 늘려서 균형이 잡힐 수 있게 해 보세요. 어떤 운동 코치들은 큰 시합을 앞둔 선수들에게 쉬운 워밍업을 하게 한 뒤 푹 쉬게 해 준대요. 나도 나 자신의 코치가 되어서 나의 시간표를 조정해 볼까요?

여기까지 달려온 여러분들을 엄청 칭찬해 주고 싶어요. 빨리 달렸든, 달리다가 몇 번이고 넘어졌든 상관없어요. 중요한 건 끝까지 왔다는 거예요.

마지막 장까지 오는 동안 기억에 남은 게 어떤 것들일까 궁금해지네요. 마지막까지 온 기념으로, 꼭 챙겨야 할 이야기를 하나 들려주려고 해요.

무기력에는 끝이 있어요.

영원히 떠나지 않을 것 같던 이 무기력 코끼리가 "어, 언제 사라졌지?" 하는 날이 반드시 온다는 겁니다.

학교생활이 끔찍하게 싫은 사람이라면 평생 내가 학교만 다닐 것 같단 생각을 할지 몰라요. 그렇지만 학교생활에는 졸업식이라고 하는 분명한 끝이 있어요. 사춘기가 싫은 사람도 마찬가지죠. 마음을 이리저리 흔들어 놓는 사춘기도 반드시 끝이 납니다.

무기력도 끝이 나는 때가 옵니다. 사람들을 대상으로 심리 실험을 해 보았다고 해요. 차가운 얼음물에 손을 담그는 실험이었다죠. 찬물에 손을 오래 넣고 있으면 저릿저릿하고 아프잖아요? 한 그룹에게는 얼마나 오랫동안 손을 넣고 있어야 하는지 알려 주지 않았고, 한 그룹에게는 얼마 정도 넣고 있을지 알려 주었다고 해요. 누가 더 오래 참을 수 있었을까요? 언제 끝날지 아는 사람들이 더 잘 참을 수 있었어요. 그리고 그들보다 더 잘 참은 사람들도 있었어요. 바로 자기 스스로 끝내는 시간을 정할 수 있었던 사람들이에요.

무기력도 마찬가지예요. 얼마나 오래 이러고 있어야 하는지 모르는 사람들은 무기력 코끼리의 육중한 무게를 견디지 못하고 납작해지기 쉬워요. 언젠가 끝이 난다는 것만 알아도 무기력한 시간을 좀 더 수월하게 견딜 수 있어요.

자, 그럼 무기력한 삶이라는 답답하고 기나긴 터널을 지난 사람들의 이야기를 들어 볼까요? 제일 많은 사람들이 공통적으로 한 이야기는, 무기력한 시간을 보낸 뒤 삶이 오히려 새롭고 즐거워졌다는 거였어요. 이 책을 준비하면서 설문지를 통해 만났던 응답자의 무려 43.2퍼센트가 그렇게 이야기했답니다.

"다시 무기력해지지 않기 위해서 나 자신을 더 긍정적으로 보려고 노력하고 있어요."

"지금이 즐겁고 행복해요."

"하고 싶고 이루고 싶은 게 많아졌어요."

"무기력을 겪는 다른 사람들의 마음을 더 잘 이해할 수 있게 됐어요."

어때요. 먼저 무기력의 터널을 통과하고 일어난 사람들의 이야기가 힘이 되지 않나요?

무기력 코끼리와의 만남은 100퍼센트 나쁜 일만은 아닙니다. 무기력한 게 얼마나 힘든지 잘 아는 사람들에게 거북하게 들릴 수 있다는 점을 감안하면서도 소개하고 싶은 유익한 점들이 몇 가지 있습니다. 첫 번째 유익한 점은, 무기력 코끼리에 짓눌렸다가 탈출한 경험이 있는 사람들은 자신과 비슷한 증상을 보이는 사람들을 잘 알아볼 수 있다는 겁니다. 그뿐이 아닙니다. 평생 다시는 무기력 코끼리와 만나지 않으면 좋겠지만 우리 삶이란 것이 그렇게 호락호락하지 않다 보니 또다시 마주칠 가능성이 있게 마련입니다. 이십 대에, 혹은 삼사십 대에, 혹은 짐작도 잘 안 갈 오륙십 대에 무기력 코끼리와 다시 맞부딪친다면? 허우적거렸더라도 결국은 잘 회복한 사람과 끝내 무기력 코끼리의 후유증에 시달리는 사람은 대처하는 것에서 차이가 납니다. 회복에 도달한 사람이라면 무기력 코끼리를 피하든, 돌아가든, 위협해서 쫓아 버리든 어떻게 해야 할지 방법을 알고 있습니다.

　무기력에서 탈출한 사람이 얻는 유익한 점은 또 있습니다. 한참을 아프다가 회복한 사람이 아침에 일어나서 학교에 가는 사소한 일상들이얼마나 감사한 일인지 뼈저리게 느끼는 것과 같아요. 무기력하다가 살아난 사람은 내가 매일 해내고 있는 일상을 돌아보면서 스스로를 향한 뿌듯함을 경험합니다. 내가 그 시기에 붙들고 일어났던 가치가 있다면 무기력하지 않을 때는 그 가치가 더 빛나게 다가올 거예요. 심리학자들이 관심을 기울이기 시작한 개념으로 '외상 후 성장'이라는 것이 있습니다. 아픈 만큼 성숙해진다고 할까요? 다 끝났다 생각할 만큼 힘들었지만, 그 일로 인해 더 성숙해졌다고 하는 사람들의 이야기가 분명히 존재한답니다.

　그렇지만 힘들었던 시기를 지났다고 해서 누구나 씩씩하고 강인해지는 건 아니에요. 무기력 코끼리에게 짓밟혔던 상처가 덜 아문 사람이라면 코끼리 그림자만 봐도 쫄고, 미리부터 두려움에 사로잡혀서 오히려 코끼리가 둥지를 틀고 살 수 있는 환경을 만들어 줄 수도 있습니다. 그러니 무기력으로 헐떡이는 친구가 있었다면 그 친구에게 "넌 왜 그것밖에 안 되냐?"라고 채근하거나 나무라지 말아 주세요. 왜냐하면 더 강인하고 멋진 사람이 되지 못했다고 해서 실패한 것은 아니거든요. 상처가 다 아물지 않았다고 해서 그 사람 인생이 실패한 건 아니잖아요.

마지막으로 덧붙입니다. 포기하지 마세요! 지금 포기하면 다음엔 더 빨리 포기하게 됩니다. 지금 일어나면 다음엔 더 빨리 일어날 수 있어요. 아주 조금 움직여도 괜찮습니다. 그저 발가락 하나 꿈틀하기만 해도 괜찮아요. 그리고 잊어버리기 전에 꼭 해야 할 일이 있어요. 코끼리에게 작별 인사를 해 봅시다. "무기력 코끼리야, 이제 안녕!"

참고서적

게으름, 김남준, 생명의말씀사

관계수업, 데이비드 번즈, 차익종 옮김, 흐름출판

긍정심리학 프라이머, 크리스토퍼 피터슨, 문용린 외 옮김, 물푸레

나는 왜 무기력을 되풀이하는가, 에리히 프롬, 장혜경 옮김, 나무생각

문제는 무기력이다, 박경숙, 와이즈베리

번아웃, 크리스티나 베른트, 유영미 옮김, 시공사

부모의 양육태도, 학습된 무기력이 컴퓨터 게임중독에 미치는 영향, 권순희 권순녀,
한국 컴퓨터 정보학회 논문지 제13권 4호 2008. 7.

엄마의 말 공부, 이임숙, 카시오페아

착하게 살아도 괜찮아, 카야마 리카, 김정식 옮김, 모벤스

필링굿, 데이비드 번스, 차익종 외 옮김, 아름드리미디어

함부로 말하는 사람과 대화하는 법, 샘 혼, 이상원 옮김, 갈매나무

항상 나를 가로막는 나에게, 알프레드 아들러 원저, 변지영 편저, 카시오페아

행복 한 스푼, 닐 파스리차, 박미경 옮김, 행간

펌 : http://appliedhypnotist.tistory.com/32

펌 : (http://www.imdb.com/title/tt3659388/quotes?item=qt2659215)

Mark Watney: At some point, everything's gonna go south on you and you're
going to say, this is it. This is how I end. Now you can either accept that, or
you can get to work.

That's all it is. You just begin.

You do the math. You solve one problem and you solve the next one, and then
the next. And If you solve enough problems, you get to come home.